JN273128

成功への設計図
超起業読本
Super-floatation reader

齊藤　聡 SAITO Satoshi 著

はじめに

　本書は、起業を考えるときに必要な事柄をコンパクトにまとめました。起業を志す人にとって絶対に必要なことを簡単にまとめると、以下の5つになります。

① **人をうまく使う**：自分の力は限られていることを自覚します。
② **豊かな発想**：発想の方法には左脳発想法と右脳発想法があります。発想のツールをうまく使いましょう。
③ **ビジネスモデルの構築とプレゼンテーション**：事例から成功パターンを知り、それをヒントに新しいビジネスモデルを創造します。そして協力者を得るために自分の起業計画を示し、協力してもらいます。
④ **資金繰りの計算**：資金繰りを理解しないと会社は倒産してしまいます。
⑤ **法令遵守**：法的な手続きなど、起業に必要なことはたくさんあります。

　本書では、はじめに最低限の心理学から学びます。起業するということは、相手に何らかの商品やサービスを販売・提供することです。相手の心理を理解すると、少しだけ商売がやりやすくなります。それは相手が個人でも会社でも同じです。相手は"人"なのです。どんな商売でもターゲットとなる人の心をつかむことが重要になります。それと同時に、やってはいけない悪徳商売についても簡単に説明します。
　次に、起業に必要な発想法について学びます。起業するためには、従来にない独特な機能や仕組み、コスト削減が可能な製造ノウハウ、時間が短縮できる工程など、何らかの新規性、進歩性、独創性が必要になります。もちろん、従来からあることをそのまま丹念に繰り返すことでも仕事にな

りますが、これでは大きな成長は望めません。小さな工夫でも構わないので、刻々と変化するニーズにマッチしたアイデアが必要になります。そのための発想法を学びましょう。何年も経験を積むことで、起業の準備ができていると考えることもできますが、それに加えて少しだけ新しいアイデアを追加する考えを持ち、そしてそれらを具体策として取り入れましょう。このアイデアについては発想法を学ぶとひらめくものなので、それほど難しいことではありません。そこに自分1人ではなく協力者がいると、さらにアイデアは大きくふくらみます。その手法を知っていることが大切になります。

　次に、数多くの事例から成功パターンを学びましょう。成功パターンを学ぶためには、成功事例だけでなく、失敗事例も大いに参考になります。よく「時代が違う」「経済環境が違う」「規模・人材・資金が違う」といった事柄を理由に、それらの事例を批判的に見る人もいますが、まず素直に、それらの事例においてなぜ成功したのかを考えてみましょう。確かに、成功は長続きしないことも多くあります。しかし、一時的ではあるにせよ、その事例が成功した理由として何らかの良いアイデアがあったことは間違いないのです。事例の中のその部分を参考にするのです。

　成功している企業の経営者は、同じことを繰り返してはいません。常に時代の変化に合わせて、先を読みながら、改革を継続しています。経営学を学ぶと、すべて自分1人でやらなくてよい、考えなくてよいことに気が付きます。それが組織作りです。経営学とは"人をうまく使うこと"です。1人ではなく、人の力をいかにうまく借りるかが重要になります。人を効率良く使うには、組織構築が大切です。一方で、こうして作り上げた組織にも寿命があることを理解しておきましょう。また、その更新が新しいビジネスにつながります。

　次に、運転資金の考え方を理解します。運転資金は、起業した当初からすぐに必要になるため、毎日の運転資金を事前に準備する必要があります。さらに起業後の売上が増加すると、その運転資金は日常の生活では想像で

きないほどの高額になってきます。そのための準備として、資金繰りの知識を習得する必要があります。簿記の知識が基礎になりますが、「事業の損益分岐点となる売上高はいくらなのか」「毎日いくら売れば良いのか」「客席が1日当たり何回転すればよいのか」など、毎日の営業、販売に利用できる数字に落とし込むことも大切になります。資金繰りの基礎的事項が理解できていれば、今は、パソコンの会計ソフトでたいていのことはできるようになります。

　最後に、実際の起業に必要な様々な事務的な手続きとその注意事項を簡潔に説明したいと思います。

　この書籍が、皆さんの新しい船出に役立つことをイメージし、この先の解説を進めていきたいと思います。

目 次

はじめに

序　章　起業するために　　　1

- **1** 起業には確固たる信念 ……… *2*
- **2** 起業マインド ……… *3*
- **3** サラリーマンとの違い ……… *4*
- **4** 組織を構築するとは（人使うということ）……… *5*
- **5** 起業に備えての心構えを ……… *7*
- **6** 起業のための発想を豊かにする方法 ……… *8*

第1章　経営学の基本　　　11

- **1** 人を使うことを考える ……… *12*
- **2** A4版数枚で説明できる企画書の作成 ……… *18*
- **3** 人を説得するためのポイント ……… *22*
- **4** 優秀な人材を集めるためのポイント ……… *23*
- **5** 起業時にやってはいけないこと ……… *25*

第2章　ビジネスプランを考える　　　31

- **1** 起業が成功するまでの全体像となるシナリオを描く ……… *32*
- **2** エグゼクティブサマリーを作る ……… *40*
- **3** 事業計画書の様式 ……… *43*
- **4** 組織を作る ……… *63*

第3章　発想法　　71

- **1** 発想法の基本を学ぶ ………72
- **2** 発想法を身に付ける ………73
- **3** ひらめきを引き出す手法…右脳を鍛える ………80
- **4** 発想法…左脳を使う①（発想手法編）………90
- **5** 発想法…左脳を使う②（問題解決法編）………101

第4章　役に立つ基本的な課題と参考事例　　113

- **1** ビジネスプランの参考事例 ………114
- **2** ビジネスモデルのキーワード ………155
- **3** ビジネスプラン　参考事例 ………160

第5章　起業資金と運転資金　　167

- **1** 起業資金の調達 ………168
- **2** 資金計画を立てる ………178
- **3** 企業の損益 ………188
- **4** 財務諸表の基本 ………194

第6章　起業家に必要な知識　　219

- **1** 会社の設立 ………220
- **2** 融資をしてくれる金融機関 ………222
- **3** 人脈の構築 ………223
- **4** 年金 ………223
- **5** 健康保険 ………225

| ６ | 雇用保険 ………227
| ７ | 会社の設立 ………228
| ８ | 各種の届け出 ………231
| ９ | 許認可 ………232

あとがき ———————————————————— 235
参考文献 ———————————————————— 239
索　引 ———————————————————— 240

序章
起業するために

1 起業には確固たる信念

　人生いろいろなことがあります。毎日、あらゆる場面で選択の連続であり、それらの多くが、一度決定してしまうと、その選択を変えることは容易ではないものです。特に、働くことに関しては、一度選択した道から後戻りして選択を変えることは、想像以上に大きな困難が伴います。まずは十分に先を見て選択をすることで、その道を誤らない努力が必要です。

　人生長いようで実は短く、働ける期間はおよそ45年くらいです。起業を志す人にとっては、その時間を大切にして、目標に向かって駆け上がっていく必要があります。自らの夢を実現するまでの行動をイメージすることが大切です。

　起業を志す人は、大学を出てすぐに起業する人もいれば、定年を迎え、第2の人生として60歳過ぎてから起業する人もいます。私はどんな条件であっても常にチャンスはあると考えています。まずは、起業について目標・目的を定め、その手段を考案し、実行することです。その信念が起業を成功に導くのです。

　一旦、起業すると決めたら、3～5年くらいの間、自分の全精力を起業に投入するくらいの意気込みが大切です。そうした大きな意気込みを持つ一方で、起業が順調にいかない場合を想定し、あらかじめ引き際を決めておくことも重要になります。ずるずると失敗を引きずるばかりでは周囲に迷惑を掛けることになり、その結果、知人・友人が少なくなり、最後には家族からも見放されてしまうことになります。

　起業を前向きに考えて、周到な準備の基に実行する場合は問題ないのですが、実際はそうでない場合が多いのが実情です。起業の失敗に最も多いパターンは、「今就いている仕事が嫌だから」、「現在の職場をリストラされた」、「友人誘いに、軽い気持ちで乗った」などの消極的な理由から起業を行ったケースです。こうした理由から起業を行う人は、少しでも辛い

ことが起きたり、越えなければならないハードルが高かったりした場合、そこであきらめてしまうケースが多くあり、結果として人生の大切な時間を無駄遣いしたことになります。起業は夢を実現することであり、決して、現在の自分からの逃げ道ではないことを肝に銘じておきましょう。

2 起業マインド

　起業には多くのリスクが伴います。リスクのない起業は存在しないのですが、そうしたリスクができるだけ少なくなるように十分な準備をして、自分を磨いておきましょう。リスクについては、そうしたリスクがあるからこそ、その先に明るい未来があるのだと考えましょう。実際に、そのリスクが将来、収益の源泉となることも多いのです。リスクがあるからこそ、今までにないビジネスプランになります。

　起業を行っていくということは、会社勤めをするサラリーマンよりも、はるかに高いリスクを自分で背負っていくことになります。自分の人生を掛けるということです。まずは起業をするにあたり、自分で自分の本当の気持ちをじっくりと考え、気持ちの整理をする必要があります。海は波が静かな平穏なときと、台風が来て大荒れになるときがあります。それと同様に経済にも波があります。経済の波もまた、誰も正確に先行きを読めません。景気の波は避けることができないのです。しかし、その波を上手く利用して、成長していく経営者がいるのも事実です。ときには、影響を軽微にする手法や、ノウハウを持っている人も見かけます。ビジネスにも「いい時、悪い時」「うまくいく時、いかない時」が必ずあるのです。「人間(ジンカン)、万時塞翁が馬(バンジサイオウガウマ)」といいます。悪い時があるから、いい時もあるのです。その波をいかにかわすか、逆に利用するかで、ビジネスプランが完成します。

　どんな経済状況になっても、その状況を知って、あえて自分で事業を起

こす気持ち、また、成功させるという強い意志が起業マインドです。

　起業を志す人としては、絶対に必要な要素になります。うまくいかなくてもよいと逃げることは、起業を志す人として失格です。どんな環境でも、その環境だからこそできるビジネスモデルを考案する強い気持ちが大切です。体の中から、湧き上がってくるパワーを感じることが大切です。強い意志を、継続的に心に留めるのは大変です。起業するということは、通常では考えられないような、強い心構え（起業マインド）が、必要なことだということです。

3 サラリーマンとの違い

　起業すると、自分に指示する人はいなくなります。上司がいないので、自分自身ですべてをコントロールすることになります。サラリーマンなら、ルーティングワークがあり、仕事が遅ければ注意され、残業したり、同僚に手伝ってもらったりして解決していきます。また、部下がいれば、愚痴をこぼしながら部下の力を借りて仕事をこなすこともできます。一方、起業した場合は、こうした仕事がすべてが自分に掛かってきます。一国一城の主なので、仕事をする、しないは、自分の意志になります。

　起業とは自らの意志で事業を起こすことです。「やりたいこと」があり、その「やりたいこと」を実現するためにビジネスプランを構築したのであり、「やらなければならない」のではないのです。主導権は自分にあり、起業して経営者となれば、自分と従業員の人生に対して主導権を持つということになります。ここが大きくサラリーマンと異なる部分です。

　起業したことで、「やりたいこと」だけをやって生活することが可能になります。やりたいことだけをやって生きていくという理想的な人生です。しかし現実には、やりたいことだからといって理想通りにはいかないこと

の方が多いでしょう。ですが、少なくともその理想を目指して起業したということは、しっかりと自分の気持ちの中で確認しておきましょう。

　また、ストレスをためない方法を考えなければなりません。サラリーマンなら、１日の仕事が終われば、大きな成果が出なくても、１日分の仕事をしたことで大きな責任を感じることなく何となく過ごすこともできます。同僚と飲みに行ったり、自分の趣味に没頭したりすることで、ストレスを発散することもできます。しかし、起業を志す人は、そういうわけにはいきません。常に、会社全体のことを考え、業績に注視しながら、対策を立てなければいけないからです。ですが、これも気持ちの持ちようであり、実際にやりたいことをしているのだと前向きに考えることで、このストレスが大きく減少します。サラリーマン感覚を捨て、最終的な責任は自分でとればよいと大きく考え、もっとリラックスして、好きなことをするために起業したということを楽しむ感覚が大切になります。

4 組織を構築するとは（人使うということ）

　経営とは人を使うことです。人を使う組織を構築することが、ビジネスプランを作ることになります。組織の重要性は、サラリーマン経験が少しでもある人は、その組織の一員として働いてきたので、理解できると思います。起業するには、少なくとも数年間のサラリーマン経験が必要なのは、この組織の重要性を肌で感じ取るためです。人に気持ちよく働いてもらうためには、使われる者の気持ちを知っておくことが必要です。また、継続していく組織を作るには、使われる者（従業員）のモチベーションを維持する組織の構築が必須になります。

　起業は個人から始まります。起業を志す人は自ら率先して動き、仕事ができなければいけません。しかし、自分一人でできる仕事量には限りがあ

ります。会社の成長が始まると、すぐに自分一人の力では仕事が回転しなくなります。はじめは家族（妻・子供など）と協力して仕事をこなしていくことになります。物販の場合で、個人ですべてをこなすことができるのは、年間売上にすると約3億円までです。これ以上になると一人では無理です。家族・親族の協力があっても、売上が10億円を超えてくると、仕事が回転しなくなります。そこで人を雇用することになります。家族や親族だけで仕事を行っていくならば、仕事についての細かいルールや分担がなくても、何となく仕事がうまくいくこともあります。

　しかし、人を雇用する場合は、しっかりとした組織を構築しておかないと、後になってトラブルが続出してしまいます。経営者の中には、特異な才能を持っており、雇用した人の個性、才能、家族構成などをすべて覚え込み、組織がなくても適材適所に配置できる人もいることは事実です。しかし、そのような経営者はまれですし、そのような経営者であっても年間売上規模で30億円くらいまでが限界です。最終的には組織を作らなければならなくなり、その組織の完成までにかける時間に差があるだけなのです。

　実際に起業すると、当初予定していた組織にマッチする人材を確保できることはあまりありません。採用できた人の中から、少しでも必要な素質のある人を選んで組織の仕事を分担することで、全体の一員にしていきます。このように言ってしまうと簡単に聞こえるかもしれませんが、この作業が結構難しいのです。できれば起業時から、要となる人材は確保しておくべきです。営業・管理・技術など、それらがすべてできる人材は多くいません。むしろ「いない」と考えた方が現実的です。そのために、起業時に、そのビジネスプランを実行できるだけのメンバーを探しておく必要があります。

5 起業に備えての心構えを

　起業までの一般的なパターンを事例に沿って示したいと思います。まだ、起業の前段階で、まだ気持ちの問題です。気持ちの問題で、次にあげる①〜⑤の内容に疑問符が付く人は、起業に対して、より周到な準備が必要になります。

① 起業を志す人が新しいビジネスを思いつく
　発想法については後述しますが、新しいビジネスを思い付くには、たくさんのことに興味を持ち、ジャンルを超えた発想ができる素地を作りながら、得意分野や専門分野を持つことが大切になります。

② 思い付いたビジネスモデルを現実に活用できるまで磨く
　これはというものを発想したら、信頼できる協力者のもと、一人では気が付かないことを、専門家を交えて現実に通用するレベルまで発展させることが必要です。

③ 現実の経済環境を調査し、ビジネスプランを構築する
　外部環境は、個人では変えることができません。景気の動向に注視しながら、できれば景気が悪い時でも自らが発想したビジネスプランが対応できるかを精査します。

④ ビジネスプランに沿って、重要な部分の人材を確保する
　自分の人脈の範囲内でビジネスプランを現実化できる人材が少なくとも1名はいるでしょうか。一人の仲間もいないような人脈の持つ主では、起業は難しいと考えた方が無難です。起業で一番大切なことは、営業です。営業なくして、ビジネスプランは成り立ちません。営業力とリーダーシップは、一朝一夕で身に付けることはできません。起業前に、準備が必要なのです。

⑤　経営が成り立つ最低限の売上規模を確保するまでの資金を算定し、調達する手段を考える

　この部分も後述しますが、起業には資金が必要です。初期投資、設備投資、運転資金などの資金繰りに関する知識がないと、数か月持たずに会社は行きづまります。

6　起業のための発想を豊かにする方法

　発想法の基本については後述しますが、起業には、その前提として基本知識が必要になります。起業を志す人は、学校で学んだことや会社で経験したことだけでは、知識が不足します。通常の人が思い付かないことを思い付くには、通常以上の努力が必要になります。そこで、意識して新しい知識が獲得できるような生活習慣を身に付けるようにしましょう。なるべく自分自身の性格や習慣に合わせて、無理がない環境で、継続できる方法を探します。

①　本を読む

　どんな分野でもかまわないので、とにかくたくさんの本を読みましょう。自分の知らなかった世界が広がります。本を読むきっかけは、とにかく興味を持つことです。何でもいいので自分の好きなことを深堀していきましょう。継続していくと、ある時、全く異なっていた分野の事がらが、ひらめきによってつながります。それが起業の大きなチャンスになるでしょう。

②　テレビを見る

　テレビ番組にもいろいろありますが、世の中の出来事を映像で見ることができるので、本を読むことよりもさらに深い印象を受けることがあ

ります。毎日のニュースでは、時事問題が自然と頭に入ってきます。特にお勧めは、NHKのドキュメンタリー番組やテレビ東京（関東圏）の中で日本経済新聞社がスポンサーの企業の最新情報に関する番組です。そこには、起業に関するヒントがあります。私は、録画して2倍速で見ることで、時間を節約しています。

③　インターネットで調べる

　インターネットには、情報が溢れています。その情報は、玉石混淆です。正確でとても貴重な情報もあれば、うわさ話の域を出ない話や、故意に騙そうとする情報すらあります。それでも、ある程度のベース知識を持っていれば、そのたくさんの情報の中から有意義で、起業に使える知識を拾い出せるかもしれません。

④　本物を見る・聞く・触る

　新しい発想を生み出す近道は、本物に触れることです。起業において、相手に感動を与えるには、本物である必要があります。たくさんの本物に接することで、その感覚を磨きましょう。

⑤　人脈を意識した行動をとる

　人が集まる行事や、イベントには必ず参加しましょう。人との出会いは自分の行動次第です。起業が成功するためには、その大部分が支援してくれる人たちの質と量によって決まります。人とのつながりが起業を成功に導きます。人脈を構築できない、コミュニケーション能力のない人が起業するときは、コミュニケーション能力のある人と組む必要があります。それを探すのも人脈です。

第1章
経営学の基本

1 人を使うことを考える

（1）人を使える人になる

　経営学の基本は「自分では実際の仕事はしない」ということです。これはただ単に「仕事をさぼる」といった意味ではなく、「自分が考案したビジネスプラン」を「人に実行してもらう仕組みを考える」という意味です。つまり、まずは自分の力は限られていることをはじめに自覚しておくということです。

　経営に関することを全部自分で行っていこうと考え、人を使うことを理解できない人は、起業しても必ず失敗します。人を使うためには、現状の全体像を把握し、目先のことよりも、どうしたら良くなるのかを先に考える必要があります。時間給で働くアルバイトではなく、実際の成果主義で仕事をするのです。

　起業ということを考えると、まず「どうやって儲けるのか」を考える人が多いと思いますが、起業で最も大切なことは「**人を使える人**」であることです。先ほども述べましたが、経営の基本は、自分で考えたビジネスモデルをいかに雇用した人たちに実行してもらうかです。逆にいえば「人に使われる人」とは、常に自分の仕事のことで頭がいっぱいで、自分の仕事のことだけを考えて、自分の携わる一部分にのみ目が行き、周囲が見えません。忙しく働き、大変まじめなのですが、情報が整理できないため全体像が見えず、人を使う人の指示で動いているだけになってしまいます。

　起業に大切なことは、目的が明確で、そのコンセプト（概念）が揺るぎなくしっかりしているということです。人を使える人は、経営の全体像が理解できており、その目的を達成するための問題点がどこにあるかを常に考え、会社にとって成果が大切なことに気が付いています。人に使われる人は、自分は忙しく働いていると自己主張し、成果ではなくそれを働いた

時間で計算しています。

　起業において大事なことは、成功のシナリオを作成し、その全体像のイメージを常に頭に置くことです。多くの起業を志す人は、すべてのことを自分で行おうとし、その結果、あまりに忙しくなり、目先のことしか見えなくなり、目標が定まらなくなります。目標が定まらなければ、どうしても試行錯誤が増えてきます。まずは成功のシナリオを体系的に考えましょう。実行可能で確実な目標を数段階に分け、その段階ごとの目標をはっきりと立て、明確な達成手段・方法を示して、確実な目標達成を積み上げることから考えます。

　そして、そのときに大切なことは、自分の立ち位置を見失わないことです。使われる人は、経営者が目標を持ち、全体像を正確に把握し、目標に向うための説明を行うことで後に付いてきます。自分の立ち位置を見失ってしまった経営者では、使われる人は離れていってしまうのです。大きな目標に向かって人を使うには、まずは足並みを揃えて力を合わせる必要があるのです。相互の関心事項を統一し、協力体制を構築することから、企業の成長が始まります。

　ここで「人を使う」ということをもう少し考えてみましょう。人を使うには、仕事について正確な情報（やり方の指導や仕事領域など）を与えること、良い仕事には評価をしてあげることなど、目に見えるものに対して基本的な行動が必要になります。しかし、人を使うということは、これらの基本的行動だけではなく、相手の気持ちを読み取り、理解しようとすることも大切になります。そのために必要となる基礎的な心理学の知識について、次の（2）にまとめました。詳しく学ぶには心理学の学習が必要ですが、人を使う人は、いつの間にか心理学の基礎を知らないうちに身に付けているものです。まずは（2）に示した基本を覚えておきましょう。

（2）心理学の基本を学ぶ

❶ 営業心理の基本

　人を使う場合も、人に支援してもらう場合も、相手に自発的に協力してもらうことが必要です。そのために基本的な心理テクニックを知っておく必要があります。

　たとえば、営業職（人に使われる人）で営業成績の良い人は、自然と次にあげる基本的なテクニックを実行しています。同程度の商品で、同程度の価格であれば（もしくは少しくらい高値であっても）、消費者は気持ち良く購入できるところから商品を購入するからです。こうした基本テクニックをうまく組み合わせることで、起業がスムーズにいきます。起業家が、この基本テクニックを組織的に営業に伝えることで、売上の増加に役立ちます。営業に伝えるときは、効率良く伝える仕組みを構築することが大切です。体育会系のノリや行きすぎた段階的な報酬制度では、一時的にうまくいっても長続きしません。

　① イエスセット
　「Yes（イエス）」の回答が出る質問を重ねることで、相手の心理的な抵抗を取り除きます。「はじめは安く、次から高額に」、これが基本です。フット・イン・ザ・ドア・テクニック（Foot in the door technique）と呼ばれる「一度断られた後の小さな要請（本来の目的）」は受け入れられやすいということを覚えておきましょう。

　② 返報性
　「人に良くしてもらうとお返しをせずにはいられない」という習性を仕事（特に営業）に応用します。小さなプレゼントや心遣いが後の大きな成功につながります。

　③ 希少性
　人は希少性のあるものにひかれる習性があります。以下の商品は希少

性の事例です。
- 限定商品：通常の商品に少しだけ工夫したり、ひと手間かけます。
- 期間限定：このときしか買えないという心理が消費者に起きます。
- タイムサービス：今しかない気にさせる手法です。

❷ だまされないことが大切

　起業を志す人は、早く仕事を成功させようとして焦って、詐欺師にだまされやすい傾向があります。まずはどういった状況がだまされやすいのかを覚え、だまされない対策を考えておきましょう。

　この「だまされない」状況の逆を取ることで受注などにつなげることもできますが、こうした方法には限度やリスクがあることを十分に理解することが肝心です。

① **メラビアンの法則**
　話し手が聞き手に与える印象は、表情・しぐさが55％、声が38％、内容は7％にすぎないということを覚えておきましょう。

② **初頭効果**
　第一印象が相手の最終的イメージを決定付けることが最も多いことを覚えておきましょう。

③ **ミラーリング**
　相手と同じしぐさを繰り返すことで、相手に親近感を与えることができます。

④ **ペーシング**
　話すペースを相手に合わせると仲良くなれます。

⑤ **オウム返し**
　相手の言葉を復唱したり、内容を要約したりして繰り返すことで、相手は理解していると感じます。これは会話術の一種です。

⑥　自己開示
　　自分の秘密や失敗談を打ち明けることで、相手も自分に心を開いてきます。
⑦　シンプル・イズ・ベスト
　　話の内容を易しい表現に置き換えたシンプルな話ほど印象に残ります。難しい語句や内容を使用した話は逆に敬遠されます。
⑧　一貫性
　　人は、自分の言葉や行為で一貫性を守ろうとする傾向があります。この習性を逆手に取って、いろいろな手法で攻めてきます。

❸　代表的な心理テクニック

代表的な心理テクニックを以下にまとめておきます。起業家は、人をうまく使わなければなりません。人を説得できなければ成功しないのです。そこで、ここであげるような最低限の心理テクニックが必要となるので学んでおきましょう。

①　相手に好意を感じさせる
　　人は好意を感じると「Yes」と言う傾向があります。
②　社会的証明
　　人は、より多くの人が行っている行動に影響を受けやすくなります。
③　ランチョンテクニック
　　昼食を楽しく取りながら話をすると、相手の話や内容を受け入れやすくなります。昼食に誘うことができたら成功は近いといえるかもしれません。
④　単純接触効果
　　人は何度も同じものを見たり聞いたりすると、それを好きになりやすい傾向があります。デパートのディスプレイがまさにこの手法です。

⑤ ピグマリオンの効果
　周囲から期待されることで、その通りの結果を出すことが多くなります。
⑥ 期待の法則
　その人が高い潜在能力を持っていると期待して接することで、その人が潜在能力を発揮することがあるという法則です。
⑦ コールドリーディング
　外観を観察したり何気ない会話を交わしたりするだけで相手のことを言い当て、相手に「私はあなたよりもあなたのことをよく知っている」と信じさせる会話術です。

(3) 協力者や取引先を説得する基本を学ぶ

　人をうまく使える人は、WIN-WINの関係（ウィン-ウィン：双方ともにメリットがある状態）をよく理解しています。利益を出すためには、販売する側も、購入する側も、双方にメリットがある状態が必要になります。このとき、メリットが価格だけではないことをはじめに承知しておく必要があります。顧客が求めていることは何か、何か問題が発生している場合、その解決策を提供できていればよいのです。
　たとえば、地元のスーパーの経営が悪化しているとします。大手スーパーの大型店舗の進出やコンビニエンスストアなど、異業種との競争が大きな要因と考えられます。このとき、「地元のスーパーに買い物に来る主婦は何を求めているのか」について、再度十分に調査・分析する必要があります。商品の価格が低ければよいということは誰でも思い付きます。価格以外に、地元スーパーならではの商品・サービスの提供としてどのようなものがあるでしょうか。たとえば、地元の農家や漁協と提携して、朝採れた新鮮な野菜や魚を提供するのはどうでしょう。これは新鮮というだけではなく、生産者の顔が見え、食の安全や地元への貢献といった気持ちが生ま

れるのではないでしょうか。こうしたことに共感してくれる地元の人はたくさんいると思います。他にも、近隣の年配者に対しては、少し高くても牛乳やお米などを定期的に配送するサービスも効果があるかもしれません。

　顧客が求めているものをいち早く察知し、それを提供することが人を引き付けます。生産者の農家も、直接の販売となると、中間マージンが大きくカットされ、通常よりも安価に商品を提供してくれます。これこそがWIN-WINの関係といえるでしょう。

2　A4版数枚で説明できる企画書の作成

（1）短時間で説得する

　起業するときには、協力してくれる取引先や出資者を説得することが必要になります。私も以前ベンチャーキャピタル（ベンチャー企業に出資することを目的とした会社）に出向していた関係で、たくさんのビジネスプランを見る仕事をしていました。起業における協力者を得るには、自分の言いたいことを短時間で第三者に伝えることが必要になります。このことを端的に表現すると、「A4版数枚で説明できる企画書の作成」ということになります。

　この「A4版数枚で説明できる企画書」について詳しく見ていくと、まず、その中身はビジュアル的でなければいけません。文章ばかりが長々と書いてある企画書は、まず担当者に読んでもらえず、それだけで企画書としては失格といえます。仮に、担当者がしっかりと企画書を読み、その内容に賛同し投資を決めたとしても、その後、長い企画書の内容を上司に説明し、納得してもらわなければなりません。このときに担当者は非常に苦労してしまいます。通常の担当者なら、投資を決める前の段階であきらめて

しまうでしょうし、説得される上司としても、まとまりのない長々とした説明を聞いている時間はありません。したがって、A4版数枚の企画書は、極めて簡潔に内容をまとめて、それを図表やグラフ・イラストで表現する必要があるのです。

　こういった優れた企画書を作成するために、起業を志す人は、短時間で理解できる資料を作成するスキルと、その資料で相手を短時間に説得する技術を身に付ける必要があります。こういった資料を作成することを専門家に任せることもできますが、最終的な説明は基本的に起業家自身が行わないとインパクトに欠けるので、短時間で説得する技術は必要になるでしょう。

(2) 伝える技術を磨く

　企画書については、ほとんどの企業がソフトを所有しているパワーポイントで作成するのが一般的です。先にも述べたように、文字ばかりではなく、図表やグラフ、イラストといったビジュアル的要素を多用します。そして、聞き手に負担をかけるような難解な説明は避け、詳しい資料や説明に使う詳細なデータがある場合は、別紙にして添付するようにします。聞き手の気持ちになって、後で上司に説明することになる担当者の気持ちになって、できるだけシンプルで分かりやすいものを作成します。それほど枚数が多くなければ、そのとき出席できなかった上司や関係者も資料に目を通してもらえる可能性が高まります。

　私が銀行員だった頃の経験では、役員クラスに回す資料はA4版1枚に、重要かつ決裁に必要と思われる部分を要約し、その後に3枚程度の説明書を付けます。それ以外は、資料として保管しておき、役員から質問があった場合に備えていました。銀行の役員は、分刻みのスケジュールで仕事を抱えており、分厚い企画書や資料を精査する時間はありません。

　しかし、こうした状況も、そのために担当者がいるということを考えれ

ば当たり前といえるのです。起業を志す人も、自分のビジネスプランについて、支援者、関係者、取引先に知ってもらい、協力を仰ぐには、この相手が理解しやすいように伝える技術を身に付けることが必須になります。このことについてのコツを、以下で簡単に紹介します。

(3) 文章よりも先に、全体のイメージを図にする

　起業家は常に先を考え、今よりも良いことはないか、もっと良い方法があるのではないかということを考えなくてはいけません。現状に満足した時点で成長が鈍ります。現状維持では進歩がないからです。そのためには、まず企画力を磨きましょう。企画とは、現状維持を打破し、新しいことを始める提案をすることです。
　企画を考えるときには、まず全体像を表現することが必要になります。それには文章ではなく、一見して分かる図がよく、それを使って新しい発想を生み出していきます。
　人は通常、現在の延長線上のことしか思い浮かびません。しかし、これでは新しい企画にはならず、抜本的な改革につながりません。発想力を高める手法は次章で詳しく解説していくのでここでは省略しますが、発想の基本は文章ではなく、全体のイメージを先に考え、思い付くことから始まります。そこからいろいろな手法（発想法）を使って企画を磨き上げていきます。

(4) 分かりやすい図解を心がける

　第三者を説得できる企画書の作成を当初から念頭に置きましょう。そのためには、自分のアイデアを整理する意味でも、全体像を図で表現することを考えます。文章で読むのよりも、図で見た方が第三者にとってイメージとして残りやすいのです。

企画書には様々な種類があります。新規事業を考える新規事業企画、新しい販売手法を考えるマーケティング企画、新しい商品を考える商品企画、新しい宣伝方法を考える広告企画・イベント企画、新しい顧客を効率的に獲得するための提携や合弁企画などもあります。どの企画書であっても「企画書を読んでもらう」ということと「その内容を相手の頭にイメージとして残してもらう」必要があるのです。

　起業を志す人にとって大切なことは、なるべく多くの協力者を得ることです。そこには資金的な協力だけではなく、販売面・人材雇用面・商品調達面など、あらゆる場面で協力してくれる人が必要になります。協力者になってくれる人、または、将来協力者になってくれるであろう人に、短時間で多くの企画内容を伝えなければなりません。そのためには分かりやすい図解が一番の近道になります。

(5) 数字で説明する

　ビジネス文書には数字は必須です。後で解説する事業計画書の説明では、すべて数字を用いて説明しなければなりません。しかし、数字といってもそのままのデータ（生データ）は参考資料として添付する形式にして、基本的に数字を表やグラフにして、分かりやすく表現するようにします。後述する事業計画書で表現する図表でも、根拠を数字で示して（定量分析）、協力者や投資家を説得します。言葉だけの定性分析では抽象的になり、なかなか相手を説得できません。

　企業における役員会で用いる資料のほとんどは数字で構成されています。なぜなら、数字は嘘をつかないからです。しかし、「数字のマジック」という言葉があるように、それらの数字に対して何らかの加工をして、数字が示す本質を隠すということを行う場合があります。ところが、役員になるような人は、そういった数字のマジックをすぐに見抜きます。起業においては、正直に、数字で現状と将来性を表現するようにしましょう。

（6）A4版1枚に要旨をまとめる

　企画書の構成については、以下の1~4を参考にしてみてください。
1．A4版1枚の要旨を作る。
2．A4版2枚から5枚のエグゼクティブサマリー（事業概要書）を作ります。
3．その後で、本文（報告書）として詳細な説明書を付けます。
4．その他に必要と思われる参考資料を添付します。

　ここで大切ことは、1で作成する「要旨1枚で全体像を理解させる企画書」にすることです。先にも述べましたが、決定権を持つ役員といった人たちはとても忙しく、その企画に興味を持たない限り詳細な中身を見てくれません。そこで、A4版1枚の要旨で勝負できる状況を構築します。そして興味を持ってもらったら、次のエグゼクティブサマリー（事業概要書：事業計画書の要点部分）に進んでもらいます。

　詳細なデータや参考資料については、エグゼクティブサマリーで相手を説得できない限り見てもらえません。このことからも、エグゼクティブサマリーが大変重要な存在であることが分かると思います。このエグゼクティブサマリーの作り方は別の項目でじっくりと説明していきます。

3 人を説得するためのポイント

　起業に協力してもらうためには、作成した企画書を使って相手を説得していかなければなりません。ここからは、作成した企画書を使って人を説得するときのポイントについて解説していきます。

① 大きな文字、大きな図表で、一目で要点が分かるように作成する

　プレゼンテーションを行う場合、小さい文字では読みにくいので、できるだけ大きな文字を使います。短い文章で箇条書きにすることも重要です。特に、相手の年齢が高い場合はこれらが必須になります。

② 結論から書く

　日本語は結論が後になることが多いのですが、プレゼンテーションの基本は、結論が最も重要で、一番先に提示します。

③ 図表やグラフを多用して、文章の量をなるべく減らす

　図表は、要旨となるキーワードの言葉と連携させたイメージが伝わるものを作成します。図表は視覚に訴えるので、全体をパターンで認識し、イメージを作ることができます。そして、理解するまでの時間を大きく短縮します。後述する発想法のところにも出てくる「右脳」に訴えるのは、図表です。

④ 詳細な報告書や参考資料の該当ページを明記する

　興味を持ってもらっても、その詳細な資料の整理が悪いのではプレゼンテーションが無意味になります。詳細説明の該当ページと行数を明記することで、相手の「読む・見る」という要望に応えるようにします。

⑤ 時間をうまく使う

　時間管理は非常に重要で、はじめの数分で要点を説明し、人の心を引き付ける重要項目から先に話します。予定した時間内に必ず、全体像を理解できるように時間管理をします。

4 優秀な人材を集めるためのポイント

　実際に起業を行い、そこで働く人にも何らかのメリットがあると、優秀な人材が集まります。将来の株式公開を目指して活動するといった将来性

の大きな起業では、株式やストックオプション(あらかじめ定められた価格で自社株を買う権利)を従業員にも割り当てることでやる気が湧き、大きなインセンティブになります。

　しかし、ほとんどの起業においては、当初から大きな発展を見込まない場合が多く、最初は中小企業として成功することを想定しているので、株式を使った人材募集は行えません。

　優秀な人材を集めるためには、起こした事業についての将来の展望、そこで働くことで身に付くスキルなどが非常に大切な要素になります。どの企業もほしがるような優秀な人材でも、自分の能力を発揮できる場所であると感じることで、人材募集に応募してもらえるからです。優秀な人材を集めるためのポイントは以下の通りです。

- 自分のスキルを磨くことができる
- 自分が持っている専門能力を生かせる
- 企業の歯車ではなく、経営全般に参加できる
- 上下関係が厳しくなく、自分の意見を主張する場がある
- 自分を必要としてくれると実感できる
- 定年がない(能力次第で高齢者でも働くことができる)
- 将来の展望が開ける
- ストックオプションの付与があり、一攫千金の夢がある
- 給料が高い(起業時ではほとんど不可能)
- 研究設備が整っている(起業時ではほとんど不可能)
- 予算を自分で決められ自由に使える(起業時ではほとんど不可能)

第1章　経営学の基本

5 起業時にやってはいけないこと

(1) 弱者を相手とした違法まがいの行為

　民法の規定に、「制限能力者（未成年者、成年被後見人、被保佐人、被補助人）は契約を無効にできる」とあります。この規定は、あくまでも意思能力の弱い者を守るための大切な法律です。起業することを焦ると、この分野での仕事がいかに楽であるかに気が付きます。それでも「やってはいけないこと」と理解しておきましょう。

　上記の例をあげると、主に未成年が利用している携帯電話やパソコンを使ったゲームや有料サイトがあります。表向きは、電話・パソコンのプロバイダーの契約者、代金の引き落とし口座名義、クレジットカード名義などはすべて親である成人のものです。しかし実際は、子供の携帯電話やパソコンを経由して、ゲームの中の課金システムで使われています。これは既に社会問題になっていますが、テレビコマーシャルなどで大々的な広告が行われています。ネットの世界は規制が難しく、相手が見えないため、やってはいけないことがあることを起業家は理解しなければいけません。

　フランスにおいて、2001年に「無知・脆弱性不法利用罪」が制定されました。未成年者、障がい者、高齢者などの社会的弱者をターゲットとする不法団体を規制する法律です。ベルギーでも同様な法整備が進展中です。既存の詐欺罪は、悪いことと知りながら相手をだますことですが、これは犯罪の立証が非常に難しく、新たな法律で弱者を守る方向で立法が進んでいます。日本の法律も近い将来改正されることが予想されます。

　詐欺罪の保護法益（法令で規制をすることで保護しようとする利益）は、個人の財産です。単に「だました」だけの場合や財産以外の利益が侵害された場合は成立しないのです。そのため、社会一般でいう詐欺の概念とは乖離しているといえます。

上記のインターネット上のゲームでは、未成年者が親名義の電話やクレジットカードで代金を支払い、商品・サービスは既にゲーム上で受けています。何ら法律上の問題は発生しません。しかし、未成年者としては相対的に多額な代金を、親は電話料金などとともに支払うことになります。電話料金の中身を精査することも少ないので、金額によっては気が付かない親もいることでしょう。パチンコなどの遊技場には、親同伴でも小学生は立ち入りできないといった点から比較すると、いかに甘いかが分かると思います。

　起業を志す人は、将来を見据えて、永続可能なビジネスモデルの構築に努めるべきです。

(2) 反社会的勢力との取引

　反社会的勢力（暴力団など）との取引は、絶対にしてはいけません。起業家が売上を伸ばそうとする気持ちのスキマに、いつの間にか入ってくる勢力がこの分野の人たちです。はじめはやさしく言葉巧みなので注意が必要です。

　反社会的勢力については、はっきりとした定義はありませんが、広く捉えると暴力団員のみならず、暴力団関係企業、総会屋等、社会運動標ぼうゴロ等、特殊知能暴力集団、共生者なども反社会的勢力に含まれます。これらとはあらゆる関係を断つことが必要です。

　共生者とは、簡単にいうと、暴力団に資金提供をし、その見返りに暴力団から便宜供与を受ける、暴力団と「持ちつ持たれつ」の関係にある人たちです。暴力団員と「社会的に非難されるような関係（しばしば飲食をともにするなど）」を有する人たちも共生者に含まれます。

(3) 法律にギリギリ触れないような行為

❶ 悪徳商法（悪質商法）

　悪徳商法（悪質商法）は、消費者の中の弱者や錯誤を見越して、不当な利益を得ることを目的にした悪質な者が行う、社会通念上問題のある商売方法のことです。たとえば、マルチ（まがい）商法やネットワーク商売などによる販売が代表的な例です。多くの場合、被害者は消費者ですが、場合によっては中小零細企業や個人事業者をターゲットにしたものもあります。

　近年、携帯電話などを使った未成年者（法律の契約者は親で成人です）や20歳で成人を迎えて間もない人たちをターゲットにする悪徳商法が増加しています。法律的には成人と見なされても、彼らには社会的な経験や知識が少なく、そこに付け込んだものです。

　悪質商法の具体的事例は以下の通りです。まだまだたくさんありますが、どれも似たような手口が多いのが特徴です。

① アポイントメント商法、キャッチセールス、恋人商法、デート商法
　　主に若者をターゲットに、異性からアポイントの電話が入ります。または、繁華街で声をかけて、高額な英会話商材などの販売で使われます。

② 悪質リフォーム、点検商法、見本工事商法
　　必要のないリフォームを、危機感を煽って販売する手口です。設備点検や耐震点検と称して、また、見本として安価を装い近づく手口が横行しています。

③ アンケート商法、キャンペーン商法、実験商法
　　アンケートやキャンペーンに見せかけて、商品を販売する目的で近づきます。

④ 違約金商法
　　簡単な契約に見せかけて、後で高額な違約金を取る手法です。

⑤　インターネット上でのネズミ講
　人を紹介し、その人が商品を購入すると手数料が無限に入る仕組みです。
⑥　絵画商法
　価値のない絵画を高額で販売します。
⑦　オーナー商法、現物まがい商法、原野商法、和牛商法、預託商法
　現物の代わりに預かり証を渡す商売です。
⑧　送り付け商法（ネガティブ・オプション）
　商品を着払いで一方的に送り付けて、代金をだまし取る商売です。
⑨　会員権商法
　利用価値のない、また、実際は使えない、または必要のないリゾート会員権などを販売します。
⑩　開運商法、霊感商法、健康商法
　健康問題や精神的な問題を言葉巧みに煽り、高額な商品を販売します。
⑪　求人商法、内職商法
　求人や内職を紹介すると偽り、事前に高額の契約金を徴収したり、内職に必要な価値のない機材を売り付けたりします。
⑫　学位商法、資格商法
　無価値の学位や資格をあたかも価値のあるようなものに見せかけて、その高額な講習費用を徴収します。
⑬　馬券予想会社、パチンコ・パチスロの情報提供
　儲かる情報を教えると偽り、高額な手数料を徴収します。
⑭　講習会（セミナー）商法、展示会商法、催眠商法
　集団心理を利用した商法で、講習や無料相談会と称して人を集め、言葉巧みに商品を買わせる手法です。
⑮　自費出版商法
　自費出版と称して、先に高額な代金を徴収する手法です。

⑯　マルチ商法、マルチまがい商法、無限連鎖講
　いわゆるネズミ講まがいの行為です。
⑰　未公開株購入勧誘、無認可共済
　不特定多数の人々から、「値上がり間違いない未公開株を分ける」「利回りの高い共済がある」などと様々な理由を付けて資金を集め、破綻するケースです。

❷　法律にクーリングオフの規定がある商売

　法律にクーリングオフの規定がある分野は、善良な業者が多いのですが、やはり一部には悪質業者が存在します。この規定に該当する代表的な商売は、特定商取引法に規定のある以下のものです。先にも述べた通り、この分野での起業は悪質業者が存在することがあり、そういった企業との競争や対応によって、知らないうちに自分が同様の取引を行っていたなどということがないように、また、トラブルに巻き込まれないように注意が必要です。

①　クーリングオフ期間：8日間
- 訪問販売
- 喫茶店などでの契約（店舗外契約）
- キャッチセールス
- 電話やダイレクトメールによる誘導（アポセールス）
- 電話勧誘販売
- 継続的な役務提供（エステ、語学、学習塾、家庭教師、パソコン教室、結婚仲介サービスの6業種）

②　クーリングオフ：20日間
- マルチ商法、ネットワーク販売
- 内職商法、モニター商法

先にあげた特定商取引法以外の法律では、割賦販売法（クレジット契約は表面上別契約ですが、クーリングオフに含まれます）、金融商品取引法（投資顧問契約）、宅建業法、保険業法、預託取引法があります。

第2章
ビジネスプランを考える

1 起業が成功するまでの全体像となるシナリオを描く

(1) ビジネスプランを作成するための基本

　ビジネスプランとは「儲けの仕組み」であり、「仕事の事業計画書」でもあります。このビジネスプランの発想が自分の中に生まれたからこそ、起業を考えている人が多いかもしれません。

　しかし、実際の起業は1人ではできません。起業が成功するまでの道のりでは、多くの人の手助けが必要になります。そこで自分が描くビジネスプランを多くの人に認知してもらい、賛同してもらうために、そのプランを磨き上げる必要があります。

　プランを磨き上げるためには、まず、起業を考えている人の動機が大切になってきます。起業で成功している人の多くは、現在、自分が行っている仕事の中に、現状打破の革新的なアイデアが浮かんだり、また、新しいビジネスチャンスを感じたりするといった、自分自身のアイデアをしっかりと持っている人です。これを言い換えれば、起業する前に、会社の中で、上司をはじめ会社役員などにアイデアを進言したが受け入れられなかったといった経験の持ち主です。このとき、会社に受け入れられないアイデアについて起業を行うといったことが起業の動機になります。

　ここで、ある事例を紹介します。起業して独立する前は、大きな広告代理店に所属し、そこから社内ベンチャーを経て株式公開した成長企業の例です。

　その人は、社内の仕事をこなしているとき郵便の数を一定規模以上にまとめると郵便料や宅配便の料金が安くなることに気が付きました。そこで、大手の宅配業者と交渉したところ1万部以上の発送では、郵便局に持ち込むよりも半額以下で済むことが可能（少し大きなものでは1/4になる）

と分かりました。そこで社内ベンチャーとして起業したところ、順調に売上が10億円を超えてきました。

しかし、これはいけると思った矢先に、社内の方針で、全体の市場規模が想定100億円以下と小さいので、その部署の廃止が決定したのです。そこで起業を考え、事業計画、資金計画を作成し、各ベンチャーキャピタルを回り支援を取り付けて独立しました。今では株式公開に成功し、インターネット広告へも参入し、大きな成功を収めています。

自分の手がけた部門が、会社の方針で廃止されることはよくあることで、この閉鎖を機に独立するパターンです。こうしたタイプは、その分野の知識もあり、既に仕入販売などの取引先との関係や社内組織の形態を構築しているため、成功の確率が高くなります。

一方、起業に失敗している人の多くは、現状の仕事や人間関係などに不満があり、そこから逃れるために起業を考える人です。私は、ベンチャーキャピタル勤務の経験から、この手の起業は成功確率が低いと感じています。

このタイプの特徴は、自分の処遇に不満のある人が多いということです。また、職場での人間関係に不満があるのですが、表面上はそのことには触れません。何かのきっかけで起業を思い付き、その時期にリストラのうわさや早期退職制度による退職金の上乗せの話が来ると起業に走るのです。

しかし、そのような動機で起業をしても、起業をするための苦難は簡単に耐えられるようなものではないため、すぐにまた別の不平不満が出てきます。隣の芝生は青く見えるものです。起業を行うにあたっては、革新的な発想と相当な準備、環境の変化に耐え得る忍耐力が必要なのです。

(2) 将来の姿を考える

起業に成功するには、5年後、10年後の将来像をしっかりと持っていることが肝心です。自分の夢を実現することが起業といえます。

では、その夢が実現できる根拠は何だろうと自分に問いかけてみます。この起業時に考えるべき3つの基本的事柄（①市場動向、②自社の主張、③競争力）を考えてみましょう。

❶ 市場動向

　自分の起こす会社が**想定する市場**を考えます。自分の起こす会社の活動領域は、市場のどこをターゲットにしているのでしょうか。成功している会社は、経営理念がはっきりとしていて、自社の進むべき道がしっかりと示されています。そして、市場を分析して、どこを攻めるかを決めています。

　たとえば、写真フィルムを製造販売している富士フィルムは大きな会社内容の変革で成功しましたが、米国のコダック、ドイツのアグファは倒産しました。富士フィルムの成功は、フィルム技術が応用できる分野をいち早く選別し、市場性があり、自社の研究開発でキャッチアップできる分野に資源を集中したからです。

　成長分野についてあれこれ考えるのではなく、自社技術で作ることができる物理的機能（ハード）と、その利用によりもたらされるサービス（ソフト）を明確にして将来計画を策定し、市場に合わせて投入することが重要になります。

❷ 自社の主張

　自社製品の強み・弱みを正確に理解し、その**製品コンセプト**を具体化する必要があります。製品コンセプトの具体化では、次の3項目が大切です。
- 顧客対象は誰なのか
- どのような商品・サービスを提供するのか
- 提供（販売）方法はどんなルートを採用するのか

　顧客ターゲットは大きな問題です。たとえば、分かりやすい事例として大学教育を考えます。今後、ターゲットとなる18歳人口は確実に減少していきます。大学進学率も約50％と頭打ちの状態です。現状維持のまま

では、この分野の仕事が確実に減少します。何らかの対策が必要なことは明白です。

次に、これに対してどのようなサービスを提供すればよいのかを考えます。大学卒業の能力を保証する教育、即戦力となる知識とコミュニケーション能力といった単純に就職できる力などが考えられます。どれも形がないものなので、実績で証明していくしか方法がありません。資格の合格者数などで代替できるかもしれませんが、大学は専門学校ではないので、それ以外の教育も大切になります。

さらに、どんなルートで学生を集めるのかということも重要になり、少子化の流れの中で新たな手法が必要になります。推薦入学で一定数の学生を確保する、留学生を受け入れる、入試科目を減らし受験に対する負担を軽減する、合格後に学部を選べる、などといった工夫を各大学が既に行い始めています。

❸ 競争力

自社の**競争力の源**を考えます。まず、競合している他社の製品と比較して、優位性はどこにあるのでしょうか。次の4項目が考えられます。

① 製品理念

新製品は、従来の製品とどこが違うのか。従来品にない画期的な部分はどこなのかを明示しなければなりません。従来の製品にない全く新しい製品であれば、どういった製品に代替し、どうやって使うものなのかを、分かりやすく提示しなければなりません。

たとえば、ユニクロのヒートテックは、薄くて暖かい画期的な製品です。開発したのは東レですが、その繊維を使って製品化したのがユニクロです。保湿、発熱、保温、抗菌、ストレッチ、静電気防止、形状保持など7つの機能を持つとしています。製品理念は従来にないもので、顧客を創造する製品です。

② 性能・機能・価格

開発した製品の価格優位性のことです。ヒートテックは、従来品よりも多少高いですが、すごく高いわけではありません。性能・機能・価格を比較した場合、そのコストパフォーマンスには素晴らしいものがあります。

③ 利便性・デザイン

利便性とは、ユーザーにとって使いやすいことです。これにはデザインも非常に大切な要素となります。せっかく素晴らしい機能でも、デザインが悪いと売れません。ヒートテックは、首の形状、袖の長さ、色の豊富さなどユーザーの選択肢が大きく、利便性が高い製品です。

④ サービス・サポート・情報提供

購入後のアフターサービスのことです。以前、Amazonで洋書を購入したところ、落丁がありました。洋書は在庫がなければ交換できないことが多いのは経験上知っていたのですが、Amazonに連絡してみると、その翌日に交換商品が届きました。それからは、少し高くても（実は一番安いことが多いのですが）Amazonを使って洋書を購入しています。ガス機器や家電製品などでも、命にかかわる製品欠陥が見つかったときの対応で、その後の企業イメージが大きく異なってきます。

（3）現状分析をする

起業を考えるときに重要なことは、現状分析を慎重に、多少コストがかかっても十分に行ってから決断することです。起業後に取り扱う商品やサービスが、先に述べた市場性や製品コンセプト、競争力が継続してあるものなのか、情報を集め検討すると、その可能性があらかじめ分かることが多くあります。自分と家族が生活できる費用はいくらで、現在の貯蓄で何か月耐えられるのか、売上が想定通り伸びたときの資金繰り計画はどうなっているのか、売上計画自体は無理のないものなのか、といった部分も

分析しておく必要があるでしょう。

　先に述べたような分析は、商品・サービスだけに行うものではありません。自分自身のネットワークについても行う必要があります。大切なことは、自分が得意とする分野を持ち、鋭いアンテナを立て、時代の流れをリアルタイムで感じることができる能力があるかどうかです。従来の勤務先から得ている情報は、使えなくなる可能性が高いので、判断基準となる情報はどこで得ているのか、起業後もその情報源を利用できるのかを知っておく必要があります。

　自分で顧客を獲得するには、自分自身でターゲット顧客を訪問する必要もあります。自分に営業経験がないと、一番苦労します。この分野については人を使う手もありますが、起業当初は、起業した本人（社長）自身が出向かないと、仕事はほとんど取れないことが多いのです。

　また、人脈も非常に重要です。人のつながりで仕事は増加し、認知されていきます。今までの人生で得た人脈が経営を左右します。従来の勤務先の人脈が全く使えないこともよくある話です。地域によっても、人脈の太さが異なります。一般的に、地方では、人と人のつながりは強く、大都市では弱いという傾向があります。大企業に勤め、大企業の従業員ということでつながっていた人脈も、その企業を辞めたとたんになくなってしまうということが起きます。起業する前に、自分自身でそれらを精査する必要があります。

　一方で、人脈は起業の仕事をしながら構築していくものでもあります。起業に際して、協力してくれる人たちの人脈が役に立つことも多く、ベンチャーキャピタル、出資を決めた人などの場合は積極的に支援してくれます。特に、銀行系のベンチャーキャピタルは、親会社の銀行を通して、仕入・販売、製造、輸入などの商品の流れから、人材の募集・育成、組織構築の手伝いまでしてくれます。しかし、一見して便利なベンチャーキャピタルですが、そこから出資を受けるハードルは高く、誰もがこういった支援を受けられるわけではありません。

(4) 営業型起業家、技術型起業家

　起業を志す人には、営業型起業家と技術型起業家の2通りが存在します。まれに、営業型と技術型の才能を併せ持つ人材に出会うこともありますが、たいていはどちらか一方のパターンになります。

　営業型の人は、顧客のニーズを的確に捉える経験を積んでいるので成功の確率が高くなります。一方、技術型の人は、営業畑の人を使うことができる能力の持ち主以外は失敗する確率が高くなります。そこで技術型の人には、はじめから営業型の人とのチームを組んで起業することを薦めています。一番成功する確率が高いパターンは、はじめは技術畑を歩み、その後営業経験をした人です。このパターンの人は、技術系の人の気持ちも、営業系の人の気持ちも理解できるので、人をうまく使うことができます。

　繰り返しになりますが、起業とは人を使うこと、顧客の気持ちを理解してその気持ちに応えることです。起業を成功に導くためには、技術系・営業系の双方の意見がシステマチックに動く組織を構築すればよいのです。会社は、1人で動かすものではありません。適材適所に人を配置すれば成功確率はずっと高いものになります。

(5) 起業の基本ステップ

　ここでは、起業までの流れを簡潔に説明していきます。

　まず最初に、ビジネスプランを作ります。ビジネスプランとは、儲けの仕組みです。利益をいかにして上げるかが最大のポイントになります。ビジネスプランは、次に説明するエグゼクティブサマリーにまとめられます。そして、そのエグゼクティブサマリーを基に、事業の協力者を募ります。資金的支援だけでなく、起業全体のアドバイスを行う支援者を得ることは、起業を成功させる重要なポイントになります。下記で、起業のステップを段階別に分け、重要な項目をあげて簡潔に説明します。

① ビジネスプランを作成する

　起業するからには、頭の中に起業プランが必ずあるはずです。それを外部に説明する資料として、また、内部向けの目標管理指標として、なるべく精緻なものを作成します。ビジネスプランについては既に述べましたが、ある程度の資金を投入して情報を得て、十分に調査したデータに基づいて作成しなければ意味がありません。「人生がかかっている」くらいの気持ちで作成することが必要になります。

② ビジネスモデルをはっきりと明示する

　ビジネスプランでは、その代表的な製品の調達（仕入・設備投資など）、製造（工事・加工・製作・開発など）、販売（ルート・価格設定など）、代金の支払い、回収を明確にしていきます。この部分がはっきりしていないと、すべての計画が思い通りに動かず、ビジネスモデルが崩れてしまいます。

③ 収益源を確立する

　起業について、どこが新しい仕組みで、それによる付加価値をどこで生み出し、利益を上げるのかを明確にします。もちろん、それらの仕組みは従来からあるものと同じでも構わないのですが、そのときはその場所で競合相手が少ない、新鮮なものが入手できるなど、何らかの競争力の源を明確にする必要があります。

④ 資金繰りを明示する

　仕入代金の支払方法、販売代金の回収方法、在庫資金の準備などを明確にして、運転資金の準備ができていることを明確にします。

⑤ 将来の売上目標、人員計画などを明示する

　ビジネスプランは10年後までの目標を示します。計画通りにはいかないと思いますが、長期計画があることで、自分の夢をかなえるだけでなく、周囲にもその本気度が伝わります。できれば、株式公開を狙うほど大きな目標を持つ方がよいでしょう。

2 エグゼクティブサマリーを作る

(1) エグゼクティブサマリーの重要性

　エグゼクティブサマリー（事業概要書）は事業計画書の中でも一番重要なセクションです。多くのベンチャーキャピタル（起業家への出資を専門に行う金融機関）はエグゼクティブサマリーだけ読んで、後の詳細セクションは読みません。私も、実際にベンチャーキャピタルに勤務していたので、これは間違いのない事実です。

　こうしたことが起こる理由は、ベンチャーキャピタリストは、自分でも投資案件を求めて探索活動をしているので、毎日20件以上の起業企画書（ビジネスプラン）の持ち込みがあり、時間が限られてしまっているからです。したがって、事業計画書のすべてを読むことはできないので、ほとんどの場合、エグゼクティブサマリーしか読まないのです。そして興味を持った案件のみを詳細に調査します。

　エグゼクティブサマリーでは、成功要因（KSF：Key Success Factorの略）を明確にします。KSFは、自社が市場に出て競争し、勝ち残るための条件を示したものです。競争環境・勝利条件（外部環境）、自社の優位性（内部環境）という要素を主張します。外部環境と内部環境の双方を分析することで将来性が見えてきます。どちらかに計画との差異が生じると、事業からの撤退を考える必要が出てきます。それだけ、この部分の説明は重要になります。

(2) 事業計画書の内容

　ここでは、事業全体を取りまとめた事業計画書の中身を見ていきます。事業計画書は、以下のような目次（項目）で書いていきます。まず最初に

来るのが先に述べたエグゼクティブサマリーです。ここでは事業計画書のイメージをつかむため、要点項目のみ並べてみました。詳細は後で説明します。

1. エグゼクティブサマリー
2. 事業立ち上げの経緯（事業経緯）
3. マネジメントチーム（経営陣の略歴）
4. 会社概要
5. 経営理念・事業理念（経営者の方針）
6. 商品・サービスの概要（商品優位性）
7. 儲けの仕組み（どこで儲けるか）
8. 市場及び競合の分析（競合他社の状況、マクロ環境分析）
9. マーケティング／営業（販売戦略）
10. 立ち上げ戦術（当初重要顧客、資金繰りを支える受注先）
11. 成長戦略（タイムスケジュール）
12. オペレーション計画（組織運営方法）
13. 人事戦略（人材確保）
14. 財務計画（資金繰り）
15. 資金調達（現在までの資金調達状況）
16. 出口戦略（投資家の資金回収手段）
17. リスク管理（計画の修正）

（3）エグゼクティブサマリーの作成

エグゼクティブサマリーの作成における注意点は、以下の通りです。

① 簡潔に表現する

　先にも述べましたが、説明が長すぎると要約（サマリー）ではなくなってしまいます。理想としては A4 版 1 ページ以内、長くても 3 ページ

以内くらいです。事業内容として言いたいことが山ほどあるのは当たり前ですが、ここでは本質だけをズバリと捉え、それを簡潔に表現する能力が必要です。

② 要素を網羅する

エグゼクティブサマリーだけを読んで、その事業の全体像が分かることが必要です。事業計画の目次にある要素全体がカバーされていることが要求されます。すべてではなく、要素だけが必要です。

③ 投資回収方法と時期を明示する

相手が投資家の場合、投資リターンが最も重要です。特に、ベンチャーキャピタルは、投資先企業が将来株式上場するかM&A（企業買収）されることにより、投資し取得した株式の値上がりを期待しています。また、相当な利益と水準以上の配当を期待しています。外部から資金調達するには、投資家に将来メリットがあることが必要なのです。

④ どこが素晴らしいのかを端的に示す

利益を上げる儲けの仕組み（ビジネスプラン）が、他に類のないオンリーワンの商品、将来が展望できる優秀な経営陣など、他と比較して差別化できる何らかの特徴を持っていることが必要です。

⑤ 専門用語や略語は避ける

読む人は、その分野の専門家とは限らないので、誰でも分かる言葉で丁寧に説明することが大切になります。

⑥ 百聞は一見にしかず（Seeing is believing）

人から何度も話を聞くより、実際に自分の目で見る方がよく分かります。試作品もない、デモもない、実際に使った人はいない、では相手を説得できません。現物を用意することは信頼を勝ち得る近道になります。

⑦ 時間軸を説明する

現状（既に実績があり、行えること）と将来（予定していること）を混同してはいけません。1か月後、3か月後など、そう遠くない未来像を明確に示すことが必要になります。

⑧ 一度にたくさんのことを盛り込まない

　相手を説得する際のキーワードは2つ以下にします。一度にたくさんのことを主張しても、かえって要点がぼけてしまいます。

⑨ エレベーターの中で説明できるように、30秒以内にまとめておく

　名刺交換、エレベーターの中など、本当に少しの時間（30秒以内）でも、要点を端的に説明できるように訓練しておくと、自分の主張が相手に自然と伝わります。

⑩ 事例を入れる

　実際に起こった事例を入れると、相手にインパクトを与えることができ、相手の記憶に残ります。発明、発見のエピソードでも構いません。印象に残る話をしましょう。

⑪ 計画通りにいかない場合の対策を盛り込む

　多くの場合、事業は計画通りには進みません。投資家は、そのことは百も承知です。そこで、その場合の対応策を先に具体的に説明しておくと、経営者としての才能を認められます。その場合、経営者独自の人脈やノウハウが大切になります。

⑫ 説得できる話し方を身に付ける

　起業家にカリスマ性がある場合、成功する確率は高まります。人を説得できる話し方、特徴、人を自分のプランに巻き込む魅力を出せる手腕を身に付けましょう。投資家は、人を見て投資するのです。技術やノウハウだけではないことを忘れてはいけません。

3　事業計画書の様式

　まず、事業計画書の様式を簡単に説明します。（事業計画書には以下の内容が必要）になるので、それぞれの要点・要素をまとめてみましょう。

(1) エグゼクティブサマリー

　事業計画書の内容（そのビジネスプランが成功するための要因）を簡潔にまとめたものです。事業に協力してくれる人や投資家は忙しい人が多いので、事業計画を数時間も一方的に説明することはできません。無理を言えば嫌われ、断られるでしょう。最初に、結論を簡潔に説明することが大切です。
　以下エグゼクティブサマリーに必要な必須項目をあげます。
- マクロ環境分析（市場環境）
- 開発した商品、サービスの特徴
- 顧客ニーズの分析、顧客の付加価値（メリット）
- 現存の競合相手、競合商品との差別化の根拠
- 自社製品の優位性（自社分析、競争優位性、参入障壁）
- 販売チャネルと媒体（プロモーション戦略、チャネル戦略）
- 経営目標の実現可能性

(2) 会社概要

　会社名、設立日、経営陣の略歴、組織体制、株主構成、主要顧客、取引銀行、決算期、住所、連絡先、許認可番号（これはない場合もあります）などは必ず必要になります。特に、経営陣の略歴と主要顧客は非常に重要な部分になりますので、しっかりと強みをアピールしましょう。経営陣の略歴は、人脈をその背景に読み取れることができ、将来性につながります。主要顧客は、当面の売上と利益の源泉を表す部分になります。

(3) 市場環境分析

　市場環境分析は、事業の成功機会や市場性があることを相手に認識して

もらう意味があり、マクロ経済分析のことを指します。PEST分析、3C分析、商品ライフサイクル分析などを行い、産業構造の変化や市場の変化を分析します。経済全体の動きが後押ししてくれるビジネスは、成功の確率が非常に高くなります。そのため、この後に行う顧客分析やニーズ分析、競合分析につながるように、しっかりと調査・分析をしておく必要があります。以下に代表的分析手法の「PEST分析」「SWOT分析」「3C分析」を取り上げ、簡単に説明します。

❶ PEST分析（ペスト分析）

　PESTとは、政治的（P：political）、経済的（E：economic）、社会的（S：social）、技術的（T：technological）の頭文字を取った造語で、企業を取り巻くマクロ環境のうち、現在から将来への事業活動に影響を及ぼす要素を把握するための分析手法です。はじめにPESTフレームワーク（枠組み）を使って外部環境を洗い出し、その影響度や変化を分析します。

　PESTの分析は、経営戦略策定や事業計画立案、市場調査におけるマクロ環境分析の基本ツールとして知られていて、マクロ環境を網羅的に見ていくための切り口を示したフレームワークです。PEST分析では、先に示した4つの視点で、外部環境の背後に潜む自社にプラス（あるいはマイナス）のインパクトを与え得る要因を整理し、その影響度を評価していくのです。

　規制緩和などによって急成長する場合もあれば、逆に規制がなくなり衰退していくビジネスもあります。景気が上向いているときは全般的によいのですが、景気低迷期であってもチャンスはあるので、こうした分析が必要になります。他にも、革新的な技術が発表され、従来の商品が一気に陳腐化してしまう場合なども多くあります。こうした環境を考えれば、このPEST分析というものがとても重要なことに気が付くと思います。

PESTの要因の例

政治的環境要因（P）	法規制（規制強化・緩和）、税制、裁判制度、判例、政治団体の傾向
経済的環境要因（E）	景気、物価（インフレ・デフレ）、成長率、金利・為替・株価
社会的環境要因（S）	人口動態、世論・流行、教育水準、治安・安全保障、宗教・言語、自然環境など
技術的環境要因（T）	技術開発投資レベル、新技術の普及度、特許

　PEST分析のために、外部環境要因を分類する必要はありません。この分析は、起業に影響を与える重要な要因を見落とさないために、その切り口を示しているにすぎないので、まずは漏れのないように、考えられる要因を書き出し、PESTフレームワークに沿ってチェックします。次に、どの要因の影響が大きいかを検討し、その対策・解決策を議論し、準備しておきます。

　PEST分析によってチェックしたマクロ環境は、自社でコントロールできるものではありません。したがって、それらの要因が、自社にとってプラスとなるのか、マイナスとなるのかを明確にするためにPEST分析を行っています。このPEST分析をSWOT分析に置き換え、より広い視点から分析することもよく行われているので、次でSWOT分析について見ていきます。

❷ SWOT分析

　SWOT分析とは、企業の強み（Strengths）、弱み（Weaknesses）、機会（Opportunities）、脅威（Threats）を分析する手法です。企業を取り巻くマクロ環境は変化するため、事業を継続的に行っていくためには、その変動に備えておくことが必要になります。このSWOT分析を使って変動やトレンドを確実に捉えることができれば、早期に対策・解決策を模

索することが可能ですし、逆に、その変動やトレンドの変化を利用して事業の拡大を考えることもできます。

　企業が海外へ進出する場合、そもそもの外部環境が日本と大きく異なっているので、現地の状況をPESTに沿って分析することでカントリーリスク（その国の信用リスク）を把握し、その対策を考え、SWOT分析をその後に使うようなケースもあるので覚えておくとよいでしょう。

　以下にSWOT分析をするときの切り口を例示しておきますので参考にしてください。

① **強み・弱み**
　資源（財務・知的財産・立地）、顧客サービス、効率性、競争上の優位、インフラ、品質、材料、経営管理、価格、輸送時間、コスト、容量、主要顧客との関係、市場における知名度・評判、地域言語の知識、ブランド、企業倫理、環境などです。業種や職種によって切り口は様々なものが想定できます。強み・弱みを分析して、強みを生かす方法、弱みを克服する対策を考えます。

② **機会・脅威**
　政治・法令、市場トレンド、経済状況、株主の期待、科学技術、公衆の期待、競合他社の行為などです。様々な切り口で機会と捉えるチャンスや脅威に対する防御策を考え、その対応策を考案することで将来に備えます。

❸ 3C分析

　3C分析とは、外部環境の「市場」と「競合」の分析からKSF（成功要因）を見つけ出し、自社の戦略に生かす分析をするフレームワークのことです。3Cとは、「市場（customer）」「競合（competitor）」「自社（company）」の頭文字です。

① 市場分析

自社の製品やサービスを、現在から将来にわたって購買する意志や能力のある潜在顧客を把握することです。具体的には、市場規模（潜在顧客の数、地域構成など）や市場の成長性、ニーズ、購買決定プロセス、購買決定者といった観点で分析していきます。

② 競合分析

商品やサービスで自社と競合する相手が存在する場合、その競争状況や競争相手について把握することです。特に、競争相手からいかに市場を奪うか（守るか）という視点を持つことが大切です。具体的には、寡占度（競合の数）、参入障壁、競合の戦略、経営資源や構造上の強み・弱み（営業人員数、生産能力など）、競合のパフォーマンス（売上高、市場シェア、利益、顧客数など）に着目し、数字で分析していきます。また、サービス面などの数値化できない分野も存在するので、その分野は点数化するなどで客観的に判断できる状態にします。競合との比較は、自社の相対的な強み・弱みの抽出にも役立つ、とても大事な作業になります。

③ 自社分析

自社の経営資源や企業活動について、定性的・定量的に把握することです。具体的には、売上高、市場シェア、収益性、ブランドイメージ、技術力、組織スキル、人的資源などを分析します。また、自社が他社に対して優位となる付加価値を生み出す機能や、コスト面に着目して分析します。

（4）市場分析

❶顧客分析

環境分析から、どのような顧客が、どのようなことにニーズを持っているかを調べます。また、どんな問題点、課題を抱えているかを分析します。

その後、アンケートなどを行い、可能な限り顧客への調査も実行して裏付けを取りましょう。統計値や他社の調査データだけでニーズを断定するのは危ないので、仮説をファクト（ヒアリングによる事実）に変えることができるように自力で調査をしましょう。

❷ニーズ分析

　顧客分析でニーズを明らかにします。明らかになった顧客ニーズは、既に顕在化しているものかを調査します。顕在化しているニーズであれば、既にその対策を行い、商品やサービスを提供している競争相手が必ず存在します。そのときには、その既存市場の規模を把握しておくことが重要になります。

　一方、まだ潜在化しているニーズの場合、これまでに顕在化してこなかった理由を明確にしておきます。そのニーズが潜在化しているのは何らかの理由が存在することが多いからです。そして、その潜在化したニーズはどのくらいの価格が妥当なのか、顧客はそれらのニーズに対し代金を支払うのか、そのニーズは最近発生したもので緊急性は高いものなのか、ということを調べます。新しいニーズは、新たな市場を創造するので、こうした調査が重要になります。

　昔、我が国には空気清浄機やミネラルウォーターは存在しませんでした。しかし、今では、当たり前で、一般的な商品といえます。この潜在化したニーズに最初に気が付いた企業は、大きな成果を収めたことでしょう。

（6）競合分析

　競合分析とは、競争相手や代替品になり得る企業の商品・サービスの分析をすることです。この分析を行う際は、まず顧客ニーズに対して競合相手が提供できている機能、提供できていない機能に分けて明確にします。そして、それらの機能について自社と比較し、自社の強みと弱みを明らか

にします。このとき、顧客ニーズが高くない機能については競合相手に劣っていても問題ありません。常に、顧客ニーズに対して直接的に応える機能に強みを持てることが重要になるからです。また、競合相手が少ない、もしくはいない場合、どうして他社がその市場で事業を展開していないのかも分析しておくとよいでしょう。そこには隠れた法規制や系列の問題などが発見されるかもしれません。

　たとえば、日本の物流という点から見てみます。かつて、日本の物流は個別に配送を行っている非効率的なものでした。ある企業が、荷物の配送を行った「帰り便」の情報を取りまとめるサービスを行うことで、帰り便にも荷物を載せようと考えました。この発想はとても良いものでしたが、実際には、その当時の運送会社は中小企業が多く、地域に密着していました。また、一匹狼的な個別経営者が多く、効率を高める情報機器の導入が進まないといったことが起こり、この企業は成功を収めることができませんでした。

　現代では、大手物流会社のように物流を大きく執り行っている会社も現れました。そうした大手では先にあげた発想を取り入れた効率の良い配送をしているばかりか、配達時間の指定、保冷車を使った配送など、さらなるサービスにも力を入れ、大きな成長を遂げています。一方、中小の運送会社では、以前と大きく変わらない状況の会社が多く、会社の規模を大きくすることが難しい状況です。大手物流会社は、24時間体制のトラックの整備工場まで運営するようになり、そこで自社のトラック整備を安く行いつつ、空き時間に一般車の整備を行うことで新たな事業を行い、さらに利益を上げています。

（7）自社分析

　この分析では、自社の強みを分析します。高い技術や特許など、市場に参入するための障壁が高くなるような強みが自社にあればよいのですが、

こういった強みがない場合でも、これまで積み上げた信頼という実績や経営陣のキャリア、人脈、資金力、企画力、生産力、立地なども十分に強みになります。

　起業時に考案した「先進性」といった事柄が、いつまで優位性を保てるのかを明確にしましょう。そして、自社のポジショニングを行います。競合分析と自社分析から、どの機能で競合相手と差別化が図れるのかを調査し、自社の業界での位置を明確にします。これを「マッピング」といいます。その差別化要素は、顧客ニーズに合致している必要があります。差別化要素と顧客ニーズが一致しない場合や、時の流れで一致しない方向にある場合は、近い将来、商品やサービスが全く売れなくなる危険性があります。

　たとえば、テレビを例に見てみると、従来から存在した「ブラウン管」という技術から「液晶」という新しい技術への変換は非常に急激でした。トリニトロン管という技術（特許）を持っていたソニーは、新しい液晶という技術への対応が遅れ、長らくトップだったテレビの売上が急減してしまいました。この例では、顧客ニーズと差別化要素の不一致が急激に起きたといえます。

(8) ターゲティング

　ここまでで明確になった顧客ニーズ、差別化要素を踏まえて、より深い顧客のイメージを現実的に描き出します。これはつまり、将来の見込み客の分析を行うということです。ターゲットとなる顧客の年代、居住地域、職業、年収、性別、家族構成くらいは最低でも調査分析しておく必要があるでしょう。

　ターゲティングによって絞り込みすぎるとマーケットを狭めることになりますが、競合相手が参入してこないニッチ市場を攻めるという戦略もあります。起業当初のネットワークがない時期には、営業活動上、ターゲットの絞り込みが非常に大切になります。小さくまとまったアタックリスト

の作成が営業効率を上げます。そのとき、主要ターゲットを獲得していく過程で、サブターゲットを自然に獲得できる仕組みを構築できます。

　たとえば、日本は少子高齢化が急激に進んでいくと予想されています。子供をターゲットにした商売は、そのターゲットとなる人口の減少に悩まされ続けるでしょう。2012年の出生数が約103万人と決まってしまえば、将来の学校入学者の数は、その数以上に増加することはないと考えられ、その減少した子供を相手に商売をすることになります。一方で、高齢者の数は増加していく傾向が続くでしょうから、高齢者をターゲットにした新しい起業も可能かもしれません。

(9) 事業コンセプト

　起業するにあたっては、どのような企業理念のもと、どのようなビジネスモデルを構築していくのかを明確にしておく必要があります。そして、そのビジネスモデルは、どこで儲けるのか、ターゲットは誰なのか、顧客のベネフィットは何か、といった問いに対する答えを短くまとめておく必要があります。経営者に理念がないと、外部環境が少し変わっただけで、企業経営が大きくぐらつきます。この企業理念がすべての企業活動の原点になるのです。開発し販売する製品・商品・サービスの価格設定、販売プロモーションなどは、すべてこの企業理念に基づいた活動から生まれるからです。企業理念は、企業の経営資源を一方向に集中し成長軌道に乗せる大事な方向性になります。

(10) 製品販売戦略

　ここでは、ビジネスプランと商品の販売戦略の概要をまとめます。具体的には、販売商品・サービスの独自性、機能の特徴、ブランド、保守サービス、パッケージなどの概要になります。そして仕入先や顧客もビジネス

プランに組み入れ、製品販売戦略におけるビジネス全体の流れを把握します。このとき、資金の流れも明確にしておきます。

販売製品戦略での注意点は、その製品は必ず顧客のニーズにマッチし、満足させるものであることです。起業を志す人として、新しい市場を創造することは重要ですが、それは簡単にできるものではありません。革新的（イノベーションレベル）製品には、「既存製品に比べて大きなコストダウン（20％ではインパクトがないので、最低でも30％くらい必要）」「他に類を見ない驚くような機能向上」といったことの実現が必要になります。通常では、なかなかそこまでの製品を作り出すことは難しいでしょう。そこで、多くの場合、先にあげた概要を組み合わせて勝負することになります。

(11) 価格戦略

商品やサービスの販売価格は非常に重要になってきます。従来と変わらない商品でも、価格が半値ならば売れるかもしれませんが、価格を低く設定することで利益を上げていくことが難しくなります。

事業計画書の中でも、販売価格の設定（プライシング）は非常に難易度の高い部分といえます。従来なかった革新的商品であったとしても、その販売価格が高いと、なかなか売上が伸びません。「売上＝販売価格×販売数量」であるので、販売数量を伸ばすことができるような戦略が必要になるのです。販売数量が伸びない場合は、販売価格が高く設定されても収益が上がりません。販売価格がもう少し低ければ売れたと考えると、そこに逸失利益が発生します。この販売価格については、大手企業であっても失敗し、価格修正を頻繁に行っているケースが見受けられます。こうした点からも価格戦略の難しさが見て取れます。

価格設定を一番簡単に行うのは、コスト積算型での価格設定にすることですが、売上が伸びるかは疑問です。潜在顧客に対するアプローチの方法で一般的なのは、顧客の商品から得る利益・満足度に対する価格設定にす

ることです。そして、シェア獲得を最優先にしたペネトレーションプライシング（市場浸透型）、差別化を前面に押し出したスキミングプライシング（高付加価値型）、機能別に価格を設定するバージョニングプライシング、顧客別に価格を設定するワントゥワンプライシングなど、どのような価格戦略が最も顧客の反応と自社の利益がよいのかを選択する必要があります。これらの選択を行い、事前に市場調査や小規模な市場で実際に実験販売をしたり、コンピュータを使って過去のデータから売上予測をシミュレーションしたりして価格戦略を決定します。最近のネット関連企業で多く見かけるのは、はじめは無料や廉価で提供することで大勢の顧客を獲得し、その後に別の課金方法で収益化するというものです。これはペネトレーションプライシングとバージョニングプライシングの組み合わせになります。

ここでは価格戦略の代表例を以下に紹介します。
- コスト積算型
    原価に一定の利益を加算した価格設定を行います。
- ペネトレーションプライシング（市場浸透型）
    市場シェア獲得のために、価格設定をコストとほぼ同程度に抑え、安価で受け入れやすい価格設定を行う方法です。結果的に、競合他社の追随を断念させることになります。市場浸透価格設定ともいい、新製品の導入期における価格戦略の1つです。
- スキミングプライシング（高付加価値型）
    新製品の導入期における価格戦略の1つです。早期の資金回収を目的に、製品ライフサイクルの初期段階で価格を高く設定するもので、上澄み吸収価格設定ともいいます。
- バージョニングプライシング（高付加価値型）
    提供するサービスの機能が細分化されており、かつ、顧客ニーズが細分化されている場合に利用されます。提供する機能に応じて課金す

る方法です。
- ワントゥワンプライシング

  顧客ごとに料金を変えるプライシング方法です。

メーカーが行う価格設定方の法には、コスト基準型プライシング、競争基準型プライシング、マーケティング戦略基準型プライシングの3つがあります。これらの設定方法を基本に、戦略目標、採用するマーケティング施策ミックス、様々なコスト、需要の特性、競争環境などを制約条件に適切な価格設定を行います。

❶ コスト基準型プライシング

メーカーのコストを基準に考えるプライシングで、最も基本的なものです。具体的な方法として次の2つをあげます。

① コスト・プラス法（コスト積算法）

   単位費用に一定水準の利益を加算し、製品価格を設定するものです。

② 目標利益法（損益分岐点法）

   損益分岐点分析を応用したコスト基準型のプライシングです。まず、達成したい目標販売数量を決め、そのときの総費用（変動費＋固定費）を算定します。次に、総費用に目標とする利益率を掛け、総費用に加算します。これを目標販売数量で除して、単位当たりの価格を算出します。損益分岐点は、起業家にとって絶対に必要となるので、第5章3節で計算問題を解きながら説明します。

   後で詳しく述べるので、ここでは簡単に説明します。計算式は、以下の通りです。

$$損益分岐点売上高 = \frac{固定費}{1-（変動費／売上高）} = \frac{固定費}{1-変動費率}$$

（変動費／売上高）のことを変動費率と呼びます。

損益分岐点とは、利益が出るか損失が出るかの分かれ目となる売上高や数量のことです。簡単に言えば、利益がちょうど「ゼロ」となる売上高や数量となります。利益が「ゼロ」になる売上高のことを損益分岐売上高（＝損益分岐点（単価×数量））と呼びます。損益分岐点を理解する上では、まず費用（経費）には2つの種類あることを理解する必要があります。単純に、損益分岐点が判明し、販売予定数量が決まれば、利益がゼロとなる販売単価が決まります。それに利益を上乗せすると、コスト基準の価格が決定されます。

固定費
　売上高や販売個数に関係なく一定に発生する費用のことです。人件費、賃貸料などが代表的なものです。

変動費
　売上高や販売個数の増減に応じて増減する費用のことです。仕入費、材料費、配送費などが代表的なものです。

　これらコスト基準型プライシングは、市場価格を利益を無視して、コストを自社中心に計算している点に注意が必要です。実際の市場で、自社の都合で販売できる商品はかなり競争力のある独自商品に限られます。あまりに損益分岐点をクリアすることを優先させると、費用に対して高い利益率を設定することで、割高な価格設定になりかねません。市場価格を超える価格設定では、その商品は売れません。顧客はすぐに割高なことに気が付くからです。この結果、目標販売数量を達成できず、事業計画が成り立ちません。算出された価格を、顧客が受け入れるだけの独自性があるか、競合商品との競争力があるか、という視点から再検討することが大切です。事業計画書では、価格の妥当性を説明する必要があります。

❷ 競争基準型プライシング

自社のコストや需要特性よりも、競合との競争面に配慮して価格を設定するもので、次の3つの方法があります。競争基準型の価格設定は、市場を分析して市場価格と同等か市場価格よりも割安に設定するので、当初から競争力がある手法です。

① 市場価格追随法

現在の市場価格を重視し、その価格帯の中で大幅に上下しない価格を設定します。自社の商品に競争力があり、差別化されている場合は、この幅の中で高めの価格設定も可能と考えられます。半面、この方法には自社の主体性や戦略性がありません。市場の実勢価格に基準を置き、難解なコスト計算や需要の分析をする必要もなく、簡便な方法といえます。

② プライスリーダー追随法

業界を先導して価格を上下するシェアの高いリーダー企業がある場合に、このリーダー企業の価格に従い価格設定する方法です。一般には、リーダー企業の市場影響力は高く、また価格に関する信頼も形成されているので、あまり格差の大きい価格設定をするのは困難です。

この方法は、全く自社の主体性はありませんが、価格設定で悩むことはありません。価格弾力性の高い市場であれば、戦略的に低めの価格設定をして攻め込むことを検討できます。ただし、シェアの高いリーダー企業は、販売量も多く、価格競争に対するコスト対応力もあるので、企業体力がない場合は避ける方が無難です。このプライスリーダーが存在する市場では、商品の差別化やコストダウンの努力が必要となります。

③ 慣習価格法

業界による伝統的価格帯がある場合に、それに従って価格設定する方法です。業界の慣習価格が支配的で、顧客にも定着している場合、低価格に設定しても販売数量が伸びない傾向があります。また、安いので、かえって商品性に問題があると勘ぐられます。むしろ高価格に設定し、

品質面で他の商品を超えることで商品イメージを高めるようにするなど、中長期の取り組みを検討します。

❸ マーケティング戦略基準型プライシング

コスト基準型は自社の都合を優先し、競争基準型は外部基準を優先します。こうした戦略のない価格設定に対し、戦略的に最適価格を確定し、そこから適正マージンを確保すべくコストダウンを図るという発想で行う価格設定をマーケティング戦略基準型プライシングといいます。戦略的な最適価格を設定する基準は、提供する商品・サービスに対し、顧客が適正だと感じる「購入意思額」です。

① 価格差別化

顧客の「購入意思額」に従った価格設定を原則にします。この購入意思額は顧客によって異なるため、同一商品・サービスでも複数の価格設定を行うことが可能になります。たとえば、航空各社の予約を入れる時期による多様な航空運賃体系やパソコンソフトの学生や教員へのアカデミックパック提供などです。顧客を、商品・サービスへの反応によって、顧客個人を選別する価格差別化の手法です。

② プレミアムプライシング

同じカテゴリーの商品で2種類以上の複数価格帯を準備し、価格のプレステージ機能を維持する方法です。価格に敏感な層には低価格で、価格に敏感でない層や品質を重視する層には、高価格での販売を狙います。

高品質な商品がプレミアムを獲得するためには、当然ながら品質の保証が必要で、「高品質＝高価格」を訴求する施策を併せて準備します。特に、バッグや服飾、アクセサリーなどのいわゆるブランド商品では、顧客側が「価格が高いから良い商品」と強く思い込んでしまう心理をうまく利用した価格設定です。名声価格法（または威光価格法）ともいい

ます。

　価格戦略がないと、本来獲得できるはずの利益や顧客を逸する（逸失利益の発生）などの問題が生じます。根拠のある最適なプライシングを示して、戦略的に提示することが必要になります。

(12) 販売チャネル戦略

　販売チャネル戦略とは取り扱う商品・サービスに最も適した販売方法を決定し、最も効率良く販売する戦略を練ることです。第3章で述べるMECE分析で、モレなく販売形態を検討します。
　代理店で販売するのか、直接自社で販売するのか。店舗で販売するのか、店舗以外の販売スタイルを考えるのか。ネット販売ならば、モバイルに対応するのか、パソコンのみか。販売スタイルによって、設備投資や必要となる人材も大きく変わってきます。
　販売チャネル構築の考え方は、顧客が最も購買しやすいチャネルであることが大切ですが、販売コストは最終的には商品価格に反映されます。自社の利益と、顧客ニーズの双方を反映できる販売チャネルを探し、構築しなければなりません。販売チャネルによっては、支払手数料やキックバック、インセンティブ、販売奨励金（リベート）などが発生する可能性があります。販売チャネルとの関係性にもよりますが、多くの起業を志す人やベンチャー企業の場合、投資できる資金に制約があり、最適な販売チャネルパートナーが見つからないことが多くあります。事業開始前に、この販売チャネルを確保しておかないと、失敗の要因になります。
　ネット販売は、販売価格の13〜15％程度の販売手数料をAmazonや楽天といったネット店舗を運営する会社に支払う内容の契約を締結すれば、すぐにでも販売チャネルは構築できます。ハードルが低いように感じるかもしれませんが、その分ものすごい数の店舗がネット上で競争してい

るので、顧客に自社の商品を見てもらうためには、それなりの努力が必要になります。そういった努力にも大きなコストがかかるので、安易に考えないようにしましょう。

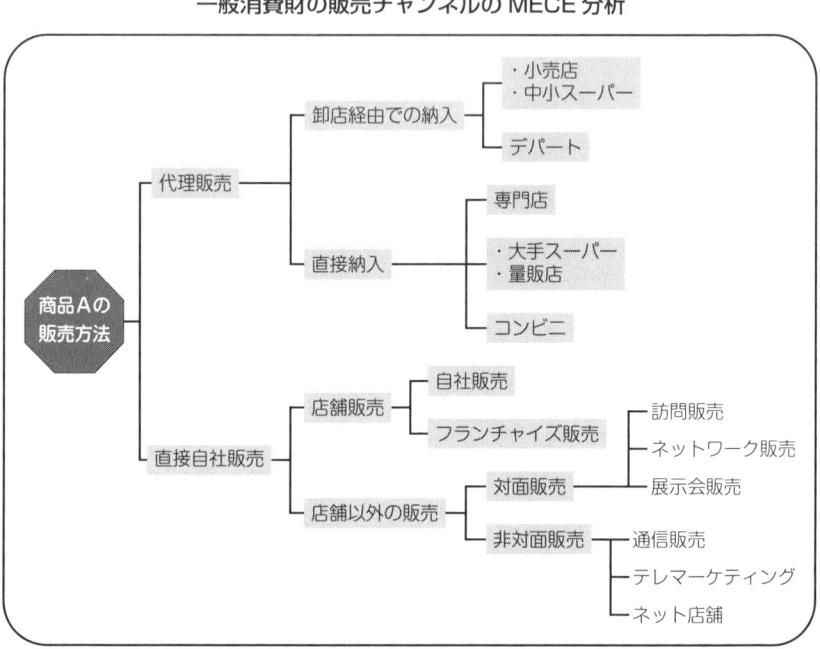

一般消費財の販売チャンネルの MECE 分析

```
商品Aの販売方法
├─ 代理販売
│   ├─ 卸店経由での納入
│   │   ├─ ・小売店
│   │   │   ・中小スーパー
│   │   └─ デパート
│   └─ 直接納入
│       ├─ 専門店
│       ├─ ・大手スーパー
│       │   ・量販店
│       └─ コンビニ
└─ 直接自社販売
    ├─ 店舗販売
    │   ├─ 自社販売
    │   └─ フランチャイズ販売
    └─ 店舗以外の販売
        ├─ 対面販売
        │   ├─ 訪問販売
        │   ├─ ネットワーク販売
        │   └─ 展示会販売
        └─ 非対面販売
            ├─ 通信販売
            ├─ テレマーケティング
            └─ ネット店舗
```

(13) プロモーション戦略

　ターゲット顧客を獲得するためには、ターゲット顧客が普段見ている広告媒体（メディア）の利用が必要となります。まず、顧客に商品を知ってもらわなければなりません。ただし、メディアへの広告はコストに直結します。顧客1人当たりの獲得コストを明確にしないと、利益計画の中で広告宣伝費と業績評価指標（KPI：Key Performance Indicator といいます）となる顧客獲得数が正しく表現できなくなります。メディアを間違えると、顧客を獲得ができません。売上高が伸びないのに、広告宣伝費の

みが増大します。

　また、広告だけではなく、広報（プレスリリース：記者会見・パブリシティ：費用を伴わない広告活動）を上手に組み合わせることが有効になります。フリーパブリシティは、資金のない起業家やベンチャー企業にとって有益なプロモーション活動になります。

(14) 中期ビジョンと投資回収（出口）

　起業家は、設立から成長過程に入る成長戦略を明示して、投資家などから協力や投資を受けます。独自性のある商品やサービス、新たな市場の開拓、新しい技術に基づく新製品開発、新たなマーケティング手法による市場浸透、従来の商品やサービスの組み合わせによる多角化経営など、起業家は魅力ある言葉を並べて投資家を説得しますが、投資家の最終目的は、資金運用益です。そのことを忘れてはいけません。

　起業家は投資家に、将来像を説明し、資金提供やその他の様々な協力を得ます。当然、その見返りが必要です。成長過程の通過点として、株式公開やM&Aなどによる投資資金の回収手段を明示しなければなりません。

　ほとんどの投資家は不特定多数の自分の顧客から資金を預かり、その運用の一環として、起業家・ベンチャー企業に投資しています。投資家は、投資で得た運用益を自分のファンドに資金を預けた顧客に配分しなければならないからです。短期で考えていなくても、長期的に投資した企業が成長し、その株価が上昇したり、大きな配当をしたりすることを想定して投資しているのです。その投資資金の出口が明確ではない事業計画には、投資家は100％投資してくれません。投資家へのプレゼンテーションでは、その部分の説明は非常に重要です。

　しかし現実には、上場やM&Aを考えていない中小企業を起こすだけの起業がほとんどです。それでも、協力者には、投資のメリットを説明しなければなりません。株式公開やM&Aではなく、取引関係の中での利益配分、

株式配当、雇用維持、地域振興の支援、地域の環境保全などいろいろな理由があると思います。正確なことを投資家や協力者に説明し、納得の上で協力してもらわないと、後日のトラブルにつながります。

(15) 利益計画・財務計画・資本政策

　利益計画は通常、月次で5年分作成します。起業時には来年のことも分からないのに、5年後などとても無理と感じるかもしれませんが、計画がなくては、成功もないのです。計画の中には、業績評価指標となる顧客獲得数や顧客獲得コストから構成される営業計画や人員計画、投資計画、経費計画なども含まれます。また、資金繰り計画もとても重要になります。簡単な資金繰りの考え方については後述します。

　利益計画から導き出される資金繰り計画も月次で作成します。当初の起業準備資金は、売上の伸び具合により、いつなくなるのか、売上が進展したときの増加運転資金はいくらかかるのかなどを試算し、事業計画書に数字で明示しなければなりません。資金繰り表を作成する際には、入金、支払サイトの設定、費用ではない投資項目（関連・協力企業への投資など）、財務キャッシュフローでの調達（主に借入金の借り入れと返済、増資など）も加味しましょう。できれば財務計画は月次で作成したものを年度別にまとめて、売上、営業利益、業績評価指標（KPI）、キャッシュフローなどの重要項目をグラフ化して経年の変化を視覚的に表現します。

　財務計画については、投資家は非常に重視します。損益計算書（P/L）では黒字でも、キャッシュフローがマイナスで、黒字倒産することもあるからです。日本の商習慣は、販売先からの入金は後払い（売掛金や受取手形の発生）が多いのですが、逆に、信用度が低いベンチャー企業は、仕入では現金決済を迫られます（買掛金や支払手形は使えません）。この立替資金が、売上の伸展とともに巨額になり、運転資金がショートする事態が発生します。

株式公開を目指す事業計画書には、会社設立から株式公開までの資金調達額、株主構成、時価総額、ストックオプションをまとめた資本政策を作成します。投資家は、その資本政策を見て、順調に成長したときの発行株式数や利益から投資スタンスを決定します。資本政策は株式の発行を伴うので、やり直しがきかない繊細な戦略です。そのため、銀行、証券、ベンチャーキャピタルや株式公開を専門とするコンサルタント会社や専門家（弁護士、会計士など）も交えて十分に議論し、作成します。

4 組織を作る

（1）組織作りは経営の基本

　人を使うことの大切さを理解できたら、次はそれを定着させ、効率良く運用する組織を作ることを考えます。これが、将来のビジネスプラン（儲けの仕組み）になります。次の事例で考えてみましょう。

事例

　劇団A社：オーディションを採用した公平性のある選抜方式で才能ある人を発掘し、徹底的な稽古により高度な芸を教え込み、芸能人としてのレベルアップを継続的に図っています。組織による育成方法が確立していて、継続的な観客獲得につなげて成功しています。劇場は、短期契約で安定しない公共機関の劇場から、いつまでもロングランが可能で、移動をなくした専用劇場を所有しています。劇団員は、歩合給ではなく従業員としての固定給与で生活が安定しています。また、A社では継続的な観客を獲得するため、移動式の全国公演も専用劇場とは別に興行していて、将来の観客となる小中学生には特別な価格で

の公演を行っています。不安定な芸能の仕事を安定的な組織に切り替えたことにより、安定した売上と収益を計上していますが、数千万円といった成功した芸能人と同様な収入になることは、この劇団に所属している限りありません。

劇団B社：給料はすべて歩合制で、実力主義。固定給は10万円以下の設定で、仕事がない団員は、他でアルバイトをして生活しています。しかし、人気が出て、テレビの仕事が入った場合には、その収入が歩合として、かなりの額になります。毎年数人のブレイク芸人を輩出しており、一獲千金を夢見る多くの劇団員を抱えています。

　A劇団とB劇団は対照的な企業ですが、どちらがよいでしょうか。単純にA劇団と考えてよいのでしょうか。難しい問題です。競争原理が働くB劇団の方が成功者は多いかもしれません。組織は、経営者が考える将来像にマッチしたものを新たに考え出して作ることが可能です。素晴らしく見える組織も、時代とともに必ず陳腐化していきます。起業家は、新しい組織にチャレンジするくらいの気持ちが大切です。

　人を使うことが経営の基本であることは既に説明しました。次に、雇用した人たちをうまく使うには、組織作りが必須です。良い組織は、経営者が考えている方向に、人を自然に誘導してくれます。企業において理想的な組織形態は、京セラの「アメーバ型の組織」だと思います。フラットな組織で、組織にはライン組織の部課長制度がありません。同社ではアメーバと呼ばれる数人から数十人のチームが組織されています。各アメーバが経営に関して大きな裁量権を持ち、自分の携わる仕事の責任を負います。起業においても、この組織が参考になると思います。

　たとえば、新商品開発の場合、既存のアメーバから、次の仕事に適した人材が集まり、新しいアメーバを形成します。でも、アメーバ間の連絡は残り、アメーバ同士が連携して問題を解決します。アメーバの規模も仕事

の量に応じて大きくなったり、小さくなったりします。つまり、組織の果たすべき役割に応じて自由自在に伸縮する組織形態なのです。

　起業は、零細・中小企業からのスタートですが、同様な組織があれば、様々な変化に柔軟に対応できます。経済環境や社内状況の変化に応じて、トップが組織を作り直す必要はなく、アメーバ組織は自然に形を変えて対応してくれます。常に状況に合わせて新しいリーダーが生まれて、新体制が作られていくような状況が実現されれば、その組織の構成員は非常に充実感を持つことでしょう。現実の中小零細企業には、大企業ほどの有能な人材は少なく、この理想形は難しいのです。そこで、何らかの新しい組織ややる気の出る仕組みを構築すれば、それがビジネスモデルになります。

　企業組織の定義や組織作りには、様々な原則があります。代表的なものをいくつか簡潔に説明します。

❶　企業組織の定義と見直し

　複数の人数で構成される企業では、企業全体の目標を達成するために規則を作り、その中で行動していきます。まず、個人の役割分担を決め、権限と調整のルールを定めます。そして、労働意欲を引き出すためには、どのように組織を編成していくか、いろいろな手法が考案されてきました。組織には寿命があります。成長を続けるためには、常に組織を更新していかなくてはならないのです。

　起業における組織とは、起業家が想定した経営目的を達成するために、従業員だけではなく、起業への協力者や投資家などの利害関係者（ステークホルダー）と意思疎通を図りながら、目的意識を持って協業していくための仕組みです。特に、従業員との関係では、成長を遂げるために、目的意識を共有することが必要になります。そのためには、従業員それぞれの職務の明確化を図り、それに伴う権限や責任を割り当てます。そのとき、従業員相互間の諸関係を調整・規定します。組織に従っていると、自然と意思疎通を図ることができ、従業員個人と企業全体の調整を取れる組織体

が理想です。

　企業組織は、経営目標を達成するための重要な手段であることを認識しなければいけません。効率的運営が可能なように、組織を編成していく必要があります。外部環境は日々変化するので、その変化に対応するための経営と組織編成との間に、適応力や順応力を失わないように常に組織の変革を試みていくことが重要です。

　組織の見直しは、①仕事を効率的行うこと、②利益を上げること、③組織の活性化が継続すること、④優秀な人材を育成することなどを目的に、毎年行っていきます。私が所属していた銀行では、常に小さな組織変更が行われ、大規模な組織変更も5年おきくらいに実施されていました。大企業では、その規模から、組織の多段階化が進み、経営環境の変化に迅速に適応できないという問題が起きています。組織活性化のための見直しは、常に必要と認識しましょう。

　一方、中小企業では大企業と比較して、総じて組織的な業務体制が遅れています。人材が固定化しており、組織で行動することが難しいからです。経営トップの独断で仕事が行われています。変化の激しい時代において、トップダウンによる意思決定は有効です。しかし、将来の人材を育成し、さらに大きく企業を成長させるためには、組織立った効率的な業務を推進していくことが必要なことも理解しておく必要があります。

　企業の組織形態には様々なタイプが存在します。スタッフ組織、ライン組織、マトリックス組織などが代表例です。企業がどのような組織形態を導入するかについては、企業が自社の実態を分析し、明確な経営目的のもとで決定します。起業家は、特に将来的な経営戦略や人材戦略を踏まえて選択し、新しい発想を導入していくことになります。経営環境や企業の規模、事業内容などの変化に応じて、企業組織の形態も変革していくのです。

❷　組織作りの原則

　組織作りの原則について詳細に見ていきましょう。

① 適材適所の原則（専門家の原則）

　従業員が得意とする分野を企業内での仕事に割り振ります。技術、知識、経験などが類似した仕事によって構成されます。人は、得意分野を任されるとやる気が出て、仕事の効率が上がります。

② 権限・責任一致の原則

　組織上の権限が与えられるからには、その責任も同時に負担するということです。権限とは、組織内で認められた力です。組織では、他の従業員に対して指示し、命令することができます。命令した以上、その命令で仕事がうまくいかなかった場合、実際に行動をともにしていなくても、その責任を取るということです。

③ 統制範囲の原則

　1人の管理者が管理し得る部下の人数に限界があるということです。これを超えれば管理効率が低下します。部下の限界人数を超えないよう各場所に管理者を設置する必要があるということです。

④ 命令統一性の原則

　管理者は複数の部下に指示、命令をできますが、組織の構成員は特定の1人の上司から命令を受けるようにしなければなりません。マトリックス組織も存在しますが、命令系統は調整されています。そうでなければ組織としては機能しなくなります。

（2）組織は従業員に基本的安心感を与える

　組織の基本要素は、役割、構造、過程、資源などでできています。企業の資源はヒト、モノ、カネですが、その中で最も重要な資源はヒトです。ヒトは、人的資本（Human Capital）といわれています。資源のない日本では、知的資本の効率を高めることが成長の近道なのです。そのために、組織は従業員に基本的安心感を与えることがまず大事です。不安な状況だと、誰も創造的な仕事はできないものなのです。良い仕事をしてもらうた

めには、組織が従業員を守っているということが大切になります。

　従業員に今の会社で働く理由を尋ねると、第1位は、「雇用が安定しているから」になります。また、「自分の成長が期待できるから」が第2位にきます。第3位にやっと「給料が良い」が入ります。多くの従業員が安定を期待していることが分かります。これはどの国でも普遍的な真実のようです。

　日本企業は、終身雇用で、従業員に安定的な組織を作ってきましたが、少し崩れてきています。この部分は反省し、もう一度原点に戻るべきです。特に中小企業は、簡単に人を採用、育成できないので、従業員を大切にしなければいけません。起業家としては、採用した以上はできるだけ雇用に責任を持つのが基本です。そのために安易な採用はしない、雇用した以上は育成に責任を持ち、人的資本として末永く活用することが大事です。人的資本が大きなリターンを生んだら、会社内に留保するだけでなく、個人や社会に還元する考え方が必要です。

（3）個人ではできないことも組織では可能になる

　起業にある程度成功すると、個人の力では会社をコントロールできなくなります。通常の仕入販売の業種では、売上高10億円を超えると、個人や家族で経営することが難しくなります。優秀な社長でも売上高30億円が限界です。それ以上の規模では、必ず組織構築が重要になります。

　さらに、企業規模が大きくなり、活動が世界に広がるとグローバル競争が起きます。起業が策定した戦略を実行するには、組織の力が重要となります。インターネットが普及し、情報伝達のコストが劇的に低下した情報化社会の中では、企業戦略はすぐに伝わります。戦略を考案し、計画するまではできても、それをスピーディに実行できるかどうかはその組織にかかっているのです。企業内で起きている課題をいち早く察知して、素早く解決策を実行できる組織が大切になります。組織内で素早く意思疎通がで

きる組織頭脳を構築しなければならないのです。そして課題達成までの組織の行動力が、競争力の源泉となるのです。

（4）組織に起きる問題

　組織には寿命があります。そこで、定期的に組織変革が行われます。その後、新組織の運営は、予算のサイクル、中期経営計画づくり、業績評価などで検証されていくことになります。会社の経営課題を、現実の個人目標に展開していく組織運営プロセスを作らなくてはならないからです。企業の戦略を、それぞれの組織（部・課、部門など）の課題に分解して展開していきます。この課題の展開でのテーマを、組織の各部門のメンバーの目標とリンクさせることになります。これが企業の方針管理で、組織運営の基本です。

　問題は、実行のスピードです。組織がうまくできていると、マネジメントサイクルの回転が速くなります。起業家の視点では、既存の組織運営の常識が障害となるところを発見できれば、そこにチャンスがあります。たとえば、地方公共団体などにおける予算目標管理は、予算を消化することが仕事になっています。より効率的な組織にするための改革が必要です。

第3章
発想法

1 発想法の基本を学ぶ

　起業して成功するためには、発想法の基本テクニックを身に付けておく必要があります。発想法の基本を学ぶことで、これまで以上に良いアイデアがたくさん生まれやすくなります。そして、起業を成功させるには、今までにないような斬新なアイデアを次々と実現するビジネスモデルを考える必要があり、そのアイデアを磨くためにも発想法の基本は役に立ちます。

　ここでは、まずいろいろな発想法について見ていくために発想法のツールを紹介していきます。いろいろな手法がありますが、それぞれの特徴を知り、それらを使い分けて起業に役立てましょう。思い付いたアイデアについても、自分だけが素晴らしいと自負していても、多くの人の意見を聞くとそれほどのことではない場合があります。多くの手法が1人でもできるものですが、たくさんの人の意見を聞きながら、アイデアをより鋭くしていくことも考えましょう。

　発想法については、いくつか基本的な部分が似ている手法があるので、その中で自分に合ったものを探して身に付けましょう。そして、その手法を自分1人で行ってもよいですし、大勢で行ってもよいということを忘れないでください。多くの人数で行うことで、様々な発想が生まれ、そしてそれらの発想を自分がまとめる過程で、さらに新たな発想が生まれることもあります。とにかく頭を柔軟にして、たくさん、広く、連鎖式に、いろいろと考えてみましょう。

　発想法は、右脳を使う「ひらめき」と左脳を使う「論理的思考」に分かれています。まずは頭の中のひらめきを呼ぶための右脳を鍛え、そして論理的思考の発想を拡大していくための左脳を鍛え、半強制的にいろいろなアイデアを連想させていく手法を学びます。

2 発想法を身に付ける

　ビジネスプランを考えるには、まず頭の中にひらめきを呼ぶための努力が必要です。まずは、発想法の基本を身に付けましょう。発想法といってもそんなに難しいものではありません。要は、多くのことに興味を持ち、知識欲が旺盛なことが基本になります。さらに、その中で専門分野を持つと深みが増します。他にも、体を動かし、現地に行ってみることや、知識で得たものについて、その実物を見ることなどは、非常に視野を広げます。発想を豊かにしていくために一番やってはいけないことは、「こうなるだろう」、「きっとこうなるに違いない」と勝手に考え、その勝手な考えに基づいてモノゴトを考えてしまうことです。

　発想を豊かにするためには、序章の起業マインドのところでもあげましたが、本物を見て、聞いて、触れることが一番です。新しいことを考えるには、現実の状態を知らなければならないのです。実際に、自分自身で新しいことを生み出し、考え出しても、現実の世界で既にあることを後で知っては、ビジネスモデルにはなりません。現実を知るのは意外に難しいので、常にアンテナを高く張る努力が必要です。

　発想法には、大きくわけて右脳を鍛える方法と、方法やツールを利用した左脳を使う方法があります。まず、起業に不可欠な右脳を鍛えていきましょう。

　右脳は、ひらめきを呼ぶ部分で、今までにないこと、新しいこと、既存ものを組み合わせることなどを司っていると考えられています。これら右脳の働きは、起業にとって非常に重要です。

　左脳は、強制的に発想を促すいろいろな方法が考案されているので、それを簡潔に紹介します。もっと詳しく知りたい方は、その分野の専門書を読むことを勧めます。発想法を学ぶ前に、発想を効率的に生み出す手法をいくつか紹介していきます。

(1) 本物を知る

　発想には「本物」の感覚が絶対に必要です。写真や動画でも代替できることもありますが、本物に勝るものはありません。個人的な意見かもしれませんが、私はコンサートに行った時、オペラ座でオペラを見た時、歌舞伎、人形浄瑠璃を観覧した時などの次元の違う感動を覚えています。録音された音楽を聞いたり、録画された内容を見たりしたものとは全くの別物が存在していました。人の心を動かすビジネスプランは、本物から生まれます。何事も実際の現物は、そこから醸し出す新しい印象を与えてくれます。感動は、本物に出会った時に生まれるのです。

　実際にビジネスモデルを考えるため、また、新しい分野の動向を知るためには、大きな展示場などで行われているさまざまな展示会に参加し、新製品や新しいビジネスプランなどの説明を受けてくるのがよいでしょう。私がベンチャーキャピタルに出向しているときも、暇さえあれば展示会に行っていました。そこでは、これから販売する新製品やサービスなどを一か所で効率的に見て回ることができます。実際に企業を訪問して、ヒアリングすることも同時に行いましたが、時間と相手の協力が必要になります。先に述べましたが、ベンチャーキャピタリストは、起業を志す人のビジネスモデルを審査し、成功まで導くアドバイスをしなければなりません。少なくとも、現存の現物（本物）や実際のサービスを見ておかないと、起業を志す人に有効なアドバイスやヒントの提供はできません。

　本物とは、現実に存在する物や実際に稼働しているサービスです。人から聞いたことや、本・雑誌・映像資料などの中での話ではありません。事前に、たくさんの知識を持っていると、本物から受ける印象は、その知識に刺激を与え、新しい発想につながります。発想法により、掘り下げていくことも可能です。たくさんの知識、たくさんの経験が、新しい発想につながります。今までの自分の仕事経験外のことや専門分野以外のことをテーマにしたビジネスモデルでも起業は可能ですが、この知識の蓄えがな

い分だけ、難易度が増します。本物を知らない分だけ、思い込みが発生するからです。でも、知らないということが返って新しい発想に結び付くこともあります。経験者は、頭からこれは無理だと決めかかっている場合があるからです。そういう時は、後述する手法や専門家を交えて客観的な意見を聞くことで、また、多くの人のアドバイスや支援を受けながらビジネスモデルを完成まで繋げていきましょう。

（2）現場の実情を知る

　起業とは、従来ないことを思い浮かべて、それをビジネスモデルに落とし込む作業から始まります。従来からあることを行う場合でも、何か新しいことを付け加えたり、他店、他社で欠落しているサービスを提供したりしなければ、従来からあるパイを分け合うだけで成長していくことができません。

　そうした新しい発想を促すには、まず現場を見て、現実を知ることが大切です。現実を見ないでは、絶対に顧客が求めているサービスや商品は思い付きません。現状を理解してはじめて、次にしなければならないことが見えてくるのです。現場を見ることで、机上では思いもつかなかったことが起きているかもしれません。発想のヒントは現場にあります。先に述べた本物を見るということに近いのですが、現場を見るということは、現場で起きている事象を見るということで、そこで作られている物やサービスを見ることとは異なります。

　具体的な事例を紹介します。アミューズメント業界の売上減少に悩んでいる社長が、健康ブームに乗ってスポーツ分野に参入することにしました。経済環境を分析し、社会人のスポーツで最も購買力があり、高齢になってもできるスポーツとして、ゴルフをターゲットにすることにしました。そして、最新のゴルフ・シュミレーターを導入し、都心で、実際のゴルフ場での練習に近い形の練習場を運営することにしました。その機械は仮想空

間ではありますが、実際の有名コースを再現したコースを楽しむことができます。また、実際に起こりうる場面を再現し、何度でも不得意分野を練習する機能などがあります。こうした内容にさらにプロの指導を付けることで短期間で能力向上が狙えます。平日夕方のサラリーマン相手の練習と、平日昼間の主婦層の指導で十分に採算が取れるビジネスモデルです。このように綿密に考えたビジネスモデルでしたが、実際に行ってみるとうまくいきません。ビジネスモデルは、経済状況、サービス購入者層の意見（価格、ニーズ、時間など）、シュミレーションマシーンの性能を十分に考慮して、専門家の意見を交えて完成させた自信のあるものでした。どうしてなのでしょう。

　私はこの疑問を解消すべく現場に調査に行きました。実際にサービスを受けることで（現場の実情を知ることで）問題点を発見することが目的です。比較のために、2か所の練習場に行き、どちらもゴルフ初心者としてのお試しコースでの入会をしました。1回のレッスン時間は50分で、お試し価格であるため1回約2,000円です。実際のレッスン価格は4回で16,000円（4人一組ですので指導は約15分くらいです）なので、約半額での提供です。さらにお試しコースには入会金10,000円が含まれているとのことで、かなりお得な設定です。このお試しコースは空き時間に限ったものなので、先方に利益は出ないものの損はしません。私は合計4回行きました。現場に行ったことで、顧客が定着しない、経営がうまくいかない理由がすぐにわかりました。シュミレーションマシーン自体に全く問題はありません。とてもよくできており、海外の有名コースに行った気分に浸れます。でも、従業員（パート・アルバイトを含む）とレッスンプロの対応が最悪です。2度と来たくないなと初回に感じました。

＜ビジネスプランが成功しなかった理由＞
　① 最新機器に対して、それを使用する説明がなされていない
　　レッスンに使用するマシーンについての説明が1分もなく、従業員

が単純な試し打ちのパターンの設定にした状態が最後まで続きました。これでは最新型のマシーンの素晴らしさは一切感じることができません。私は、マシーンの性能を知っていたので、勝手に実際のコースでの練習仕様に変更しましたが、それで何も言われず、勝手に使ってくださいと言わんばかりの対応でした。

② レッスンプロの指導が練習時間に対して少ない

　レッスンプロの指導はレッスン時間の中で5分もなく、残りの45分間は、ただひたすら自分でスイングするだけです。最悪のケースは、私の場合は3人のグループでしたが、プロによる指導の時間配分は、1人に約30分、もう1人に15分、私は5分でした。初心者の中でもレベルが異なるので、多少の時間差はしかたがないのでしょうが、時間にここまで差があると、差をつけられた人間は面白くはないでしょう。

　こうしたレッスンが通常週4回1か月で16,000円、指導代を含んではいますが80円/分の計算になります。私の近所の打ちっぱなしの料金は30分800円程度で、およそ1/3の料金で済みます。プロの指導や最新機器に対しての支払を前提とした顧客層へのアピールにもかかわらず、現状では上記のような状況で運用されているのであれば、これで入会する人がいたら奇跡です。もっと価格は高くても、しっかりと指導をしてくれるなどの練習場を選択すると思います。

こうして実際の現場を知ることで、そこで起きている何気ない日常の出来事がビジネスプランをすべてを台無しにしていることが判明しました。机上では、すきのないビジネスプランも、現場では考えられないほどそれはひどい状況が起きているのです。

　こうした現状に対する解決策は簡単です。現場をしっかりと仕切る人を配置するか、現場で実務を行う人間に対して接客の指導をすることです。他にも細かい行動マニュアルを作ってもよいでしょう。ビジネスモデルは、現場の問題点を解決する手法、不満、苦情を改善し、新しい手段を見つけることから始まります。そうしたのち、そのコストと効率性の問題になり

ます。物・サービスを提供する過程や顧客の満足度が大切だということ、これは現場を調べないと見えてきません。

(3) 発想を実現レベルに引き上げる

　アイデアを思い付いたら、そのアイデアは「新規性・進歩性があるのか」、また、「実際に有効に機能するのかどうか」「既に使われていないか」「市場性があるのか」などを検証する必要があります。同時に、他のアイデアを加えたり、既にあるものと融合させたりすることで、アイデアを現実に使えるものに修正し、変えていく作業があります。この時、チームによるブレインストーミングや、専門家グループの意見を聞き、意見を集約していくデルファイ法が有効です。様々な発想法の基本となるので、覚えておきましょう。

　デルファイ法とは、専門家グループが持つ直観的意見や経験的判断を使い、意見を集約していくことです。つまり、反復型アンケートにより、アイデアや意見を組織的に洗練していく意見収束技法のことです。定性調査によく用いられます。デルファイ法ではまず、予測したいテーマについて詳しい専門家や有識者を選んで意見を求めます。得られた回答を統計的に集約して意見を取りまとめ、これを添えて同じ質問を、再度専門家に対して行い、意見の再検討を求めていきます。この質問とフィードバック、意見の再考という過程を数回、繰り返すとグループの意見が一定の範囲に収束してきます。この意見集約によって、確度の高い予測を得ようというのです。デルファイ法は「匿名の回答」「反復とコントロールされたフィードバック」「統計的なグループ回答」という特徴を持ちます。アイデアを思いつくまでの経緯や、師弟関係、友人関係といったテーマと関係のない影響力を極力排除するよう配慮されます。デルファイ法は1950年代に米国のシンクタンクの「ランド・コーポレーション」で開発されたものです。もともとは、軍事作戦立案に起源があります。

起業を志す人には、専門家を集める術がありません。また、たとえ人脈があっても大きなコストが掛かってしまいます。そこで現実的には、ベンチャーキャピタルなどのベンチャー企業へ投資する金融機関や組織体に案件を持ち込むことで、同様なことを行ってもらいます。私が所属していいたベンチャーキャピタルでも、それぞれの分野に専門家を置き、案件に投資するために、いつも議論していました。将来性があると認められれば、投資資金を出してくれます。また、いくつかのベンチャーキャピタルに声を掛け、必要な資金を集めてくれます。そして、さらにいろいろなアドバイスや、過去で経験済みの同様な事例（失敗、成功とも）から、成功するためのヒントを提供してくれます。遠慮する必要はありません。ベンチャーキャピタルは、投資した会社が成長することで利益を上げるので、当然のことをしているのです。

(4) 時間を大切にする

　時代が必要としているビジネスプランは、自分だけでなくほかの人も気が付いていることが多いですが、それらを実際にビジネスプランとして完成させ、現実に起業する人はまれです。こうしたことをいうと、起業をするまでには十分な時間があると思うかもしれませんが、実際には起業はいつも時間との戦いであることを肝に銘じておきましょう。先に述べたデルファイ法ができないときでも、アイデアを他に漏らすことのない信頼できる友人や知人にアドバイスを求めて、ビジネスプラン完成までの時間短縮を行います。こうしたアイデアはすぐに陳腐化していきますし、早く実現させた起業家には創業者利益が入ります。特に、インターネット関連の事業や、法改正に関わるビジネスプランは、数か月間で同様なビジネスプランが溢れてくるケースもあります。事前の準備をして、世に出すタイミングに注意しましょう。

　ビジネスプランは、時間との勝負の場合があります。1番早くプランを

完成し、実現させた起業家が勝者になります。簡単事例で説明します。

　インターネットの普及が始まったころ、凡人はこのシステムが現在のように新しいビジネスに発展することを思い付きませんでした。しかし、米国のネット環境やITの技術者、ネットについての研究をしている人などは、このインターネットにおける情報のリアルタイムでの双方向性や情報伝達コスト低下の将来性に気が付いていました。そして、この事例の場合、そうした気が付いていた人の中でごく一部の人が起業するのではなく、実際は、かなり大勢の人が起業しようとしました。私がベンチャーキャピタルに所属しているとき、インターネットを用いた広告のアイデアをたくさん思い付き、ビジネスモデルとして持ち込まれた数は、数百に上ります。その中で成功したのは、いち早くビジネスモデルを完成させて持ち込み、その先進性が認められた起業家だけです。せいぜい3番手までが、投資対象の限界です。それ以降の持ち込みは、入り口で断られてしまいます。ネット広告の例では、その期間は3カ月くらいです。非常に短い期間に、たくさんの人がアイデアを思い付き、ビジネスプランにして、起業を図るのです。時間との戦いが背後に存在します。

3　ひらめきを引き出す手法…右脳を鍛える

（1）日ごろから右脳を鍛える

　経営における論理的な発想や問題解決をつかさどる左脳と異なり、右脳は主に「ひらめき」ともいえる部分をつかさどっています。この右脳の活用については、発想法といった手法ではなく、まず右脳を常に鍛えておくトレーニングが有効になります。次に、日頃からできることをいくつかあげておきましょう。

❶ 利き腕以外を使う

　私の場合は右利きなので、左手を使うことを心がけています。なぜなら、体の左半身は右脳が制御しているからです。右脳を意識して、左手で字を書きます。また、パソコンのキーボードを打つときには左手も意識的に使っています。

❷ 美術館に行く

　右脳は、図形認識能力を持つので、美術作品を眺めて、有名な絵画の良さを理解できればと思います。アイデアを練っているときに、ノートに図や絵でまとめてみることにもトライしています。パソコンで描くのとは少し勝手が違います。

❸ 物を創造する

　学校を卒業してから絵を描いたり、粘土細工をしたりすることはほとんどないと思います。あえて、自ら機会を作ってチャレンジしましょう。右脳がひらめきを起こして、気に入った作品ができるかもしれません。

❹ スポーツをする

　右脳は空間認識力をつかさどり、直感を鍛えます。たとえば、球技をすると常に、ボールを追うことになり、右脳が鍛えられます。

❺ 音楽を聴く

　音楽の旋律を捉える感覚は右脳にあります。クラシック音楽が右脳に刺激を与えます。歌詞が入ると、左脳（言語）を刺激するので、歌詞がないものが適しています。

❻ 自然に触れる

　自然は頭と体をリラックスさせます。山や海でなくても構いません。近

所の公園などで自然の緑と新鮮な空気に触れ、右脳の活躍を待ちましょう。

（2）右脳型発想法

　人間は左脳を使って情報を的確に処理しています。そういった左脳の機能に対して、右脳は全体的な思考力や新しい発想力をつかさどる重要な機能を持っています。左脳の役割については、将来的にコンピュータや新興国の安価な人件費の労働力に取って代わられることが予想されます。一方で、右脳の役割は、その人そのものに属するものであり、なかなか代わりになるものはありません。

　今後、起業を志す人は、左脳での論理的な分析に加えて、右脳での新鮮な発想が必要です。医師、弁護士、会計士などの専門職であっても、左脳的な価値からばかりではなく、右脳的な価値を売るようにならないと生き残れない時代が来ると思います。

　起業を志す人は、専門職の頭脳を効率良くビジネスモデルに加えながら、さらにあっと驚くような全く新しい発想が必要になります。もちろん、体系的に力を付けやすい左脳の基本能力は大切であり、左脳を鍛えなくてよいということではありません。従来同様の左脳の働きを前提にしながら、右脳と左脳で情報をやりとりし、創造性のある仕事をすることが重要なのです。

　左脳は、ビジネスモデル構築の中では論理が先行して作用します。新しいアイデアが浮かんでも、左脳が考える常識、規則、暗黙の了解、世間体、慣習などの情報が働き、そのアイデアを否定していきます。右脳の発想法では、この左脳の固定概念や規制事実を取り払い、自由な発想を頭に浮かばせてビジネスモデルに応用します。

　右脳による人間のひらめきは、リラックスしているときに生まれることが多くあります。具体的には、どのようなリラックスできるテクニックがあるのかをいくつか紹介してみます。

❶ 回想旅行

　リラックスして、心穏やかに過ごしているときを思い出して、その状態を再現します。人によってその内容は異なりますが、太陽を浴びながら砂浜でのんびり過ごした思い出や、山登りでの静かな美しい景色の中での情景かもしれません。客船でのんびりと過ごした旅行や、スポーツをした後のすっきりとした気分のこともあります。最も心地よかった過去の経験を呼び起こして、心にリラックスしたイメージを再現する練習をするのです。

❷ 体の緊張をほぐす

　体の筋肉をリラックスさせます。まず、手、腕、足など、順番に、体全体を楽にしていきます。筋肉から力を抜き、穏やかで深く安らぐ環境を作っていきます。そういう状態が少し続くと、無意識に何かが思い浮かぶことがあります。

　リラックスする方法を身に付けるには少々の努力と時間が必要です。ストレスのない状態を作る手法を身に付けると、緊張がほぐれ、頭がすっきりし、今まで思いも付かなかったアイデアが浮かぶのです。
　リラックスの仕方は人それぞれですが、そこに共通していえることは、自分の時間を作ることです。読書をしたり、スポーツを楽しんだり、のんびり温泉につかったり、方法や時間を問わないので、頭から緊張を取り、アルファ波が出る状態にすることが大切です。

（3）直感を大切にする

　経営者は直感を大切にしています。もちろん、組織やシステムで情報をリアルタイムに把握する努力を怠りませんが、それでも最後の決断は直感に頼っています。
　主に以下のようなとき、経営者は直感を働かせます。

- 直感で問題の発生を察知する
- 直感通りに素早く行動し、実現する
- 直感で全体像を把握する
- 合理的な分析結果と、直感での決断の一致を確認する
- 詳細な分析結果を待たずに、直感で解決策を導き出す

　こうした直感は、それが思い込みや自意識過剰にならないように注意が必要です。

　直感については訓練で開発することもできます。また、直感と理性を結び付けることで、画期的かつ正しい方法で問題に対応できるようになります。すべてのことを理性と論理だけで考えてはいけません。感情も大切です。直感と感情を結び付ける必要があります。

　かつての有名な物理学者や天文学者などは、まさに直感で正しいということを発見しています。そして、その後の研究で、直感が正しいことを実証し、理論を導いていくのです。経営は、人生と同じく選択の連続です。今、何をしなければいけないのか、何をしてはいけないのか、常に判断しながら前に進みます。ほとんどの場合、すべてのデータや情報が集まることはなく、そのために直感が大切になるのです。

(4) 夢日記を付ける

　子供の頃、いろいろなことを考えていませんでしたか。子供の頃の純粋な気持ちを思い出してみましょう。それが実現可能なのか、それとも不可能なのかは関係ありません。たとえば、スーパーマンは翼がないのに空を飛びます。宇宙船は光の速さを超え、時空を飛び越えてワープします。はじめからダメだと考えないから、また、あきらめないから、新鮮で新しい発想が浮かんでくるのです。

　現実的には、大人になってから、「子供の頃のような発想を」といっても難しいことです。しかし、夢の中であればどうでしょうか。夢の中では、

現実では起きない、あり得ない、矛盾だらけで荒唐無稽（こうとうむけい）な事柄がたくさん出てきます。このときに忘れてしまわないように夢日記を付けてみましょう。朝起きたらすぐに、思い出すことを書き留めていきます。夢の中に何らかのヒントがある場合もあるのです。

　具体的に夢日記を付けてみましょう。続けていくと、夢が課題に影響を与える何らかの過去、また、現在の経験に基づいていることに気が付きます。

1. 眠る前に課題を思い浮かべます。すると、脳が課題に対して働きかけ、潜在意識が動き出します。
2. 夢を忘れないように30分早く起きます。夢が終わってしまう前に起き、夢について思いを巡（めぐ）らしながら、その時間を楽しみます。
3. ベッドのすぐ脇に夢日記を用意しておいて、思い出せる限り細部まで記録します。絵でも構いません。そのとき、頭に浮かんだこともしっかりと記録します。夢からやってきた発想のことが多いからです。
4. 夢日記を見ながら自分に質問します。
    - 夢に出てきた人物、場所、事件などは、課題とどんな関連があるのか。
    - 誰が主要な人物なのか。
    - 自分の課題と夢は、どんな関連があるのか。
    - 夢が課題を変えるだろうか。
    - 夢の要素で、課題解決につながるものがあるか。
    - 連想で課題解決につながるか。
    - 夢の中に解答はあったか。
5. 夢の内容から連想を行い、思い付いたものはすべて書き留めます。

　私の経験を記してみます。

　友人（歯科医）から、少子化の影響と虫歯になる人の減少で、売上の減少に悩んでいるという話を聞きました。良いアイデアはないかと私に聞いているのです。そこで、そのことを課題にして（常に頭に置いて）いたと

ころ、夢を見ました。虫歯を治すのではなく、歯をきれいにしている夢と口臭を気にしている夢でした。それと、横浜の京浜急行の駅中で散髪をしている夢です。

　連想しているうちに思い付きました。歯科医の仕事は、虫歯を治す、歯並びを矯正するといった歯のトラブルの治療と、歯石を取る、口臭をなくす、歯を白くするなど、歯の身だしなみを整えることです。また、なぜ駅中の理髪店がはやっているのかを考えると、短時間で身だしなみを整える需要があるからです。駅中の理髪店は約10分という短時間なので価格を抑えることができます。

　ここで、歯医者と理髪店の共通項目として、「身だしなみを整える」ということがあがってきました。もし、約10分で歯をきれいにしてくれたら、口臭をなくしてくれたら、きっと需要があるのではないでしょうか。従来の歯医者という概念を超えて考えることで思い付いたのです。これを友人に話すと、現実的でないと一蹴されましたが、あくまでも夢からの発想ですので、ここからさらにつなげていけばよいのです。

(5) インキュベーション

　インキュベーションとは、孵化器（incubation）を意味する言葉で、起業においては起業支援の概念を指します。右脳におけるインキュベーションとなると、突然、ずっと考えていた解答が頭にひらめくことです。文字通り孵化し、アイデアが生まれるのです。

　こうしたインキュベーションが機能するのは、頭の中の潜在意識が絶えず情報処理を行っているからです。課題・問題を、数日・数週間放置しておき、他の課題に取りかかっているときに突然、課題・問題に関するアイデアが生まれます。課題に問題意識を持ち、興味を持ち続けていると、潜在意識がアイデアを生み出してくれるのです。

　具体的には、以下の順番で頭の中に潜在意識を植え付けます。後述する

左脳のように、論理的に考えて理詰めで追い込むことはしません。
1．取り組むべき課題・問題を明確にして、問題解決の結果について考えます。課題・問題が解決された世界を思い描くことで、創造的な建設的意見の潜在意識を構築します。
2．資料を集め、分析して、事前にデータの準備をします。
3．自分で自分の頭脳に、問題を解決するように指示します。すぐに解答は見つからないので、数日したら聞きに行くと自分に言い聞かせます。
4．孵化させます。この間は、課題・問題は放っておき、考えません。しばらくの間忘れて、潜在意識に任せます。リラックスして、アイデアが孵化するのを待ちます。
5．解決策が頭に突然浮かびます。時間はかかりますが、必ず孵化します。

たとえば、法律家や医師などの専門家は、専門知識は持っていますが営業というものが苦手です。しかし一方で、どうにかして顧客を増やしたいといつも考えています。これが課題です。

次に、他の分野で集客に成功している事例を集めます。郊外のアウトレット（買い物から広いスペースと家族連れで楽しめる場所へ）、ブックセンター（すべてのジャンルの書籍を閲覧でき、購入できる）、デパ地下（食べ物の展示販売、利便性）、家電量販店やディスカウントストア（大量展示、価格破壊）などです。他にもネット上で集客に成功しているAmazonや楽天などを調べます。専門分野の顧客獲得は、紹介が一般的で一番多いのですが、それ以外を考えなければなれないと自分に言い聞かせます。

数日して、いくつかのアイデアが「スーパー銭湯（温泉）」から思い浮かびました。それは以下のようなものです。
- 専門家の知識を必要とし、その料金を支払える層をターゲットにした仕事（たとえば、投資用マンション、銀行など）と連携・提携する。
- 従来考えていなかった少し高額な海外旅行に行く世代にアピールするために、旅行代理店と提携する。また、高級レストランや劇場などと

の提携を考える。
- 専門家として世間に認知させるには、著作活動や書評活動が必要なので、その分野のマーケティングコンサルタントや編集者と一緒に仕事をするようにする。
- 利便性から、1つのビルの中に専門分野の異なる事務所を同居させる。
- 当初の相談を気軽にできるネット対応にする。

　これらの頭に浮かんだ解決策の中から、実現可能なものから実行に移すことにすれば結果が出ると思います。

(6) 類推する（アナロジー）

　類推するとは、2つの物の間にある類似した特徴を比較して、アイデアを探す手法で、「アナロジー」ともいいます。

　たとえば、鳥の飛び方を観察し、分析します。ハチドリは、空中に留まるホバリングができます。また、後ろに後退する飛び方もできます。ハトは地上に降りるときに、翼でブレーキをかけます。また、昆虫のスズメガの成虫は鋭角を持つ比較的ほっそりとした三角形のハネを持ち、これを素早く羽ばたかせて、種類によっては時速50km以上の高速で移動します。その飛行速度は、数多い飛行昆虫の中でも一番速い部類に入ります。またハネを素早く羽ばたかせることで、スズメガも空中に静止（ホバリング）することができます。ホバリングして、樹液や花の蜜を吸引している姿が観察できます。これをよく見ていると、羽をうまく回転させていることが分かります。また、そうすることで空中に留まることが可能なことに気が付きます。そして5cmほどの小さな体の中にその機能を持つことができることにも気が付きます。

　これらを類推して、ヘリコプターや飛行機が生まれます。さらに、もっと小型化できること、どういったハネを作ればよいのかも教えてくれます。動物や昆虫を観察すると、いろいろなことが分かってくるのです。

いくつかその比較を見ていきましょう。世の中に既に存在するものは、いろいろなことを教えてくれます。異なる2つのものを比較しながら、類推を進めていくと、頭の中にひらめきが起きます。

- コウモリやイルカの超音波センサーが目の代わりをします→潜水艦のソナー
- 蛇は足がないのに前進します→回転式のポンプ
- サソリは毒注射をします→注射針
- 亀は固い甲羅で身を守ります→戦車
- 植物は薬草になります→薬の合成

具体的に、類推を使って発想を促すには次のようにします。
1．解決すべき課題を書き出します。
2．その課題の中で重要だと思われる項目Aを選びます
3．その課題と遠く離れた分野Bを選びます（パラレルワールドと呼ばれます）。ハチドリ、スズメガの例では動物界、昆虫界です。距離が近すぎると、なかなか新しい画期的なアイデアは生まれません。なるべく全く異なる分野から選びます。
4．分野Bから連想するアイデアを書き出していきます。そして、課題から選んだ項目Aと重ねて比較していきます。
5．AとBの類似点を見つけて、類推していきます。ここでは、リラックスして気楽に考えます。

　たとえば、新商品の広告を打つタイミングや内容が課題だとします。パラレルワールドとして植物界をイメージします。

　植物で印象に残り、みんなが覚えている花は何でしょう。春一斉に咲く桜、まだ寒い2月に咲く梅、花が大きい牡丹、夏から秋に咲き続ける百日紅（百日咲いているということです）などを思い浮かべます。梅や桜は、先に花だけを咲かせて、受粉を仲介する昆虫に注目してもらいます。牡丹は、その大きさで昆虫の目を引きます。百日紅は継続性で昆虫を集めているので

す。

　こうした点からも、植物であっても昆虫の注目を集め、子孫を残すために工夫していることに気が付きます。これを広告と重ねて類推していきます。広告は、大きくはっきりと、他の商品の広告時期とずらして、できれば継続して行うと効果があることに気が付きます。植物の開花時期を見ても分かるように、すべての日に行う必要はないようです。他にも、花の色や香り、咲き方や散り方など、教わるところはたくさんあることに気が付きます。これが類推です。

4 発想法…左脳を使う①（発想手法編）

(1) KJ法

　KJ法とは、川喜多二郎氏によって開発された発想法で、氏の頭文字を取って名付けられました。この手法は簡単で、用意するものはカードとそれを置く模造紙だけです。1人でもできますが、大勢でアイデアを出し合うことで、より多くの成果が表れます。

　簡単に順を追って説明します。

1. まず大きなテーマを決めます。そして、そのテーマに関するアイデアを何でもよいのでカードに書き出していきます。どんどん思い付くままに書き出していきます。ここであまり考え込まないで、たくさんの思い付きがカードとして出てくることが大切です。
2. 書いたカードを、似たもの同士を集めて、小タイトルを付けます。さらに、小タイトルを作り、似たものを集めていきます。
3. 模造紙に、その小タイトルごとに集めたカードを分類していきます。小タイトルを10分類ぐらいに整理していき、その相互の関連性など

を模造紙の上で、線で結んでいきます。
 4．全体像が見えるとともに、その小タイトルにおける関連性と問題点が見つかります。

(2) NM法

　NM法とは、中山正和氏によって開発された発想法で、氏の頭文字にちなんだものです。似たものを見つけ、それを基に創造的な思考プロセスを手順化して発展させる手法です。言い換えれば、思考プロセスを手順化してイメージを連想させる発想法です。この発想法は類比発想といわれています。自然界で成功している事例を参考にして、要するにどうすれば成功するのかを簡単な動詞や形容詞にして、類推、連想していくことが重要です。
　たとえば「山の景色はきれい」と感じます。その「きれい」という発想と、今問題にしているテーマを重ねてヒントにし、解決策を考える方法です。空の青さ、山の緑、小鳥のさえずり、どれを参考にしてもかまいません。テーマが、ホームページのデザインであるとすると、背景の色、自然な色合い、音が出るようにするといった発想が生まれます。少し難しいと感じるかもしれませんが、訓練することでたくさんのアイデアが生まれるようになります。ここでいうアイデアは、全く異なることを考えているときに、その関連にふと気が付きアイデアが生まれるといったものに近いです。その環境を自分で作る練習で発想が浮かぶようになります。
　その手順を簡単に説明します。
 1．テーマに関するキーワードを見つけます（主に、動詞や形容詞などです）。
 2．そのテーマから発想した、似たものの例を探していきます。
 3．そして、似たものの例から、その本質について考えを発展させます。
 4．その本質とテーマを基に、さらに考えを深めていきます。

(3) オズボーンのチェックリスト

　オズボーンのチェックリストとは、あらかじめチェックリストを作っておいて、そのチェックリストに沿って発想を広げていく方法です。アイデアがなかなか浮かばないときでも、チェックリストを使うことで強制的に何か思い付くようになります。具体的にいうと、たとえば課題となっているテーマについて、次の①～⑨に示すチェックリストを使ってアイデアを広げていき、半ば強制的に何かを頭に浮かばせる手法ということです。

　ちょっと難しく感じますが、次に9つチェックリストと簡単な事例を示したので、これを参考にしながらいろいろと試してみましょう。

① **他に利用したらどうか（別の用途）**
　コーヒーに入れるクリープを、グラタン調理の牛乳代わりに使うなど、従来になかった使い方を考えます。
- 今のままで、新しい使い道はないか
- 少し変えて、他の使い道はないか

② **アイデアを借りたらどうか（近似）**
　富山の置き薬から発想を展開し、オフィスの置き菓子や置き事務用品の仕組みを作ります。
- これに似たものはないか
- 他に似たアイデアはないか
- 一部借りたらどうか

③ **大きくしたらどうか（大きさを変える）**
　年配者向けの楽々フォンは、字が大きく読みやすくなっています。携帯電話の機能もシンプルになっています。
- 何か加えたらどうか
- もっと回数を多くしたらどうか

第3章　発想法

④　小さくしたらどうか（大きさを変える）
　アップル社のiPadを小さくして、iPad miniにしただけで、二度販売の機会が生まれます。
　・分割したらどうか
　・やめたらどうか

⑤　変更したらどうか
　携帯電話の充電器のプラグの形状を新しくすると、製品の中身が同じでも製品が陳腐化して見え、携帯電話を新しく変える人が出てきます。
　・形式を変えたらどうか
　・意味を変えたらどうか

⑥　代用したらどうか
　カニ缶は高いので、カニ風のかまぼこで代用すると、かまぼこに代用需要が発生します。
　・他の材料にしたらどうか
　・他の人にしたらどうか

⑦　入れ替えたらどうか
　温泉宿で、男女別々の露天風呂を入れ替えることで、二通りの露天風呂が楽しめるようにします。
　・他の順序にしたらどうか
　・原因と結果を入れ替えたらどうか

⑧　反対にしたらどうか
　ありきたりの演出を、男女の役割を入れ替えると新鮮に感じます。
　・役割を逆にしたらどうか
　・立場を変えたらどうか

⑨　結合したらどうか
　1人では売れない芸能人を、若い女性グループとしてダンスを中心にして売り出します。
　・目的を結合したらどうか

- アイデアを結合したらどうか

（4）スキャンパー（SCAMPER）法

スキャンパー法とは、以下にあげた考え方の頭文字を並べたものです。
- **S**ubstitute
- **C**ombine
- **A**dapt
- **M**odify
- **P**ut other purposes
- **E**liminate
- **R**earrange/Reverse

先にあげたオズボーンのチェックリストと似た手法で、ボブ・エバールが発展させたものです。スキャンパーとは、子供が跳ね回る、駆け回るといった意味で、その発想を発展させる意味と重なり覚えやすいです。オズボーンと同様、強制的にアイデアを発想させていきます。

以下に簡単に手順を示しますが、基本的な発想はオズボーンと同じです。
1. Substitute（置き換える）：別のものに置き換えるとどうか
2. Combine（組み合わせる）：2つ以上のものを組み合わせるとどうか
3. Adapt（当てはめる）：応用したらどうなるか
4. Modify（修正する）：修正するとどうなるか
5. Put other purposes（別の使い道を考える）：別の用途に使うとどうなるか
6. Eliminate（余計なものを削る）：何かを取り除くとどうなるか
4. Rearrange/Reverse（並び替える／逆にする）：並び替えるとどうなるか。逆にするとどうなるか

(5) なぜなぜ分析法（「なぜ」を5回繰り返す方法）

　なぜなぜ分析法とは、ある問題とその問題の対策に関して、その問題を引き起こした要因「なぜ」を提示し、さらにその要因を引き起こした要因「なぜ」を提示することを繰り返すことにより、その問題への対策の効果を検証する方法です。

　以下に簡単な手順を示します。

1. 問題となるテーマや事柄・事象を提示します。このとき、次に提示する「なぜ」との論理的なつながりを明確にすることになるので、問題点を絞っておくことが必要になります。
2. 次に、そのテーマ・事象が発生するに至った原因・要因を提示します。これが1回目の「なぜ」です。問題が発生した要因は1つではありません。たいてい、複数の要因が重なって起こっています。また、そのテーマ・事象に対して論理的なつながりがなければなりません。原因と結果の関係は、複数の要因が重なって起こるので、明確にはならないことも多々あります。固定観念にとらわれずに議論を進めていきます。
3. そして、要因ごとに、それが発生するに至った原因をさらに細かく示していきます。これが2回目の「なぜ」です。1回目と同様、1つだけとは限りません。また、その問題と原因には、論理的なつながりが求められます。
4. 同様にして、3回目の「なぜ」を提示します。
5. 続いて4回目、5回目の「なぜ」を提示します。これを繰り返していきます。

　この方法において、5回の「なぜ」にこだわることはないのですが、複数回の「なぜ」を繰り返すことで、物事の本質が見えて、真の要因にたどり着くことができます。この「なぜ」の繰り返しについて、最終的にいつやめればよいのかはケースバイケースになりますが、現実的に問題となっ

ているテーマや事象に対して意見が提示され、その示された対策によって解決に進む目途が立ったときがやめるときということになります。他にも、テーマや事象について論理的に説明できる水準まで議論が進んだときも、やめるときといえるでしょう。

　政府の規制や外国の法律などで「なぜ」を繰り返すうちに、回避不能な「事象」や「制度」などが要因として提示されることがあります。この事象や制度が回避不能な場合は、「なぜ」の繰り返しをやめることになります。こういった場合は、その方向でない分野での解決策を新たに模索していきます。

　ただし、「なぜ」を繰り返していると、回避不能だと思っていたのが、実は思い込みのこともあります。その場合は、回避方法が見つかる場合もあるので、決め付ける必要はありません。柔軟に対応することが肝要です。

(6) マンダラート

　今泉浩晃氏によって開発されたアイデア発想法で、3×3のマトリックスを使って、アイデアを生み出す方法です。マンダラートは、携帯電話やパッドのソフトとしても売り出されており、普段から使い慣れていれば役に立ちます。

　簡単に方法（使い方）を説明します。
　1．3×3のマトリックスを準備します。パソコンのソフトでは方眼マスが自動的に出てきます。
　2．真ん中にテーマを記入します。
　3．真ん中のテーマから連想して思い付くことを、まわりの8つのマスに記入していきます。
　4．まだ詰められていない場合、8つのマスに書いたアイデアをテーマとして新たにマンダラートを作ります。テーマから思い付いたことや関連するアイデアを広げていくのです。

5．アイデアが詰まるまで繰り返します。

(7) マインドマップ

　マインドマップは、トニー・ブザンによって開発されたアイデア発想法です。インターネットのサイトからパソコンなどで無料ダウンロードができます。テーマとなるキーワードやイメージを中央に書き、そこから放射状に思い付いたことや関連することを展開していくことで、アイデアを強制的に発想していく手法です。先に右脳のところでも述べましたが、発想を促すには、楽しくリラックスして行うことが大切です。絵を描くように楽しみながらアイデアを広げていきます。
　簡単に方法（使い方）を説明します。
　1．真ん中にテーマを記入します。
　2．テーマから枝を伸ばして、その先に思い付いたアイデアを記入します。
　3．そのアイデア（キーワード）から思い付いたアイデアをさらに枝を伸ばして記入していきます。
　4．アイデアが詰まるまで繰り返します。

　マインドマップでの約束事は、以下の12項目です。
　1．無地の紙に書いていきます。
　2．横長で使います。
　3．中心から描いていきます。
　4．テーマは、できるだけイメージで描きます。
　5．1つのブランチ（枝）につき、1つの言葉にします。
　6．キーワードは、単語を使います。
　7．ブランチ（枝）は、曲線を使います。
　8．色や図などを使って、強調するようにします。
　9．キーワードとキーワードを関連付けていきます。

10. 独自のスタイルで描いていきます。
11. 創造的に描きます。
12. 楽しみながら描きます。

マインドマップは発想法の基本なので、手法を詳細に紹介した書籍がたくさん出ています。

(8) ブレインストーミング

オズボーンによって開発された発想法で、テーマに関してアイデアを無秩序に出し、発想していく方法です。ブレインストーミングとは、脳みそ（ブレイン）の中に嵐を起こす（ストーミング）ことからネーミングされたといわれていて、無秩序にアイデアを出し合うことで、優れたアイデアを発想する方法です。実際に学校や会社などで使ったことがある人も多いのではないでしょうか。

簡単に方法を説明します。

1. テーマを具体的に設定します。たとえば、「朝の支度時間を早くするには」を、「朝の支度を20分で終わらせるには」にすると、テーマがより具体的になります。
2. テーマについて、メンバーがアイデアを発言します。発言は以下の5項目の約束事に沿って行います。
   - 既成概念や常識を捨て、自由に発言します。
   - 何でもいいからたくさんアイデアを出します（質よりも量）。
   - 3せず（批判せず、議論せず、くどくど説明せず）を守ります。
   - 他人のアイデアをヒントに発想していきます。
   - アイデアを箇条書きにして記録し、結合させ、整理します。

   発言内容は書記の人が、メンバー全員が確認できるところ（黒板やホワイトボード）に書き込んでいきます。
3. 発言を要約してまとめます。テーマの解決策が見えてきます。

(9) TRIZ法（トゥーリーズ法）

　TRIZ法（トゥーリーズ法）とは、ロシアのアルトシュラーによって開発された発想法です。世界で申請・取得された特許情報データ（膨大な量です）を分析・整理し、そこから得た法則を基にパターン化したものです。知恵カードともいわれます。

　簡単に方法を説明しますが、少し難しいので、ほんのさわり程度の内容になります。興味を持たれた方は、より専門的な書籍を読んでみてください。

❶　方法

　テーマを決めて、そのテーマを下記のチェックリストに照らし合わせてアイデアを発想していきます。そのチェックリストには40の基本原理があります。その原理をイメージして、テーマや事象に当てはめて発想を促します。アイデア商品などに当てはめて考えてみると納得できるかと思います。

＜40の基本原理＞
1. **分割原理**：分割したらどうか
2. **分離原理**：分離したらどうか
3. **局所性質原理**：一部を変更したらどうか
4. **非対称原理**：非対称にしたらどうか
5. **組み合わせ原理**：2つ以上を合わせたらどうか
6. **汎用性原理**：他でも使えるようにしたらどうか
7. **入れ子原理**：中に入れたらどうか
8. **つり合い原理**：バランスを良くしたらどうか
9. **先取り反作用原理**：先に反動を付けたらどうか
10. **先取り作用原理**：先に予想したらどうか
11. **事前保護原理**：重要なところを保護したらどうか

12. 等ポテンシャル原理：同じ高さにしたらどうか
13. 逆発想原理：逆にしたらどうか
14. 曲面原理：回転させたらどうか
15. ダイナミック性原理：環境に合わせたらどうか
16. アバウト原理：おおざっぱにしたらどうか
17. 他次元移行原理：垂直方向を使ったらどうか。時間をずらしたらどうか
18. 機械的振動原理：振動を与えたらどうか
19. 周期的作用原理：繰り返しにしたらどうか
20. 連続性原理：継続的に続けたらどうか
21. 高速実行原理：高速で実行したらどうか
22. 災い転じて福となす原理：マイナス点からプラスを引き出せないか
23. フィードバック原理：基準値に戻したらどうか
24. 仲介原理：仲介したらどうか
25. セルフサービス原理：自分で行うようにしたらどうか
26. 代替原理：コピーしたらどうか
27. 高価な長寿命より安価な短寿命原理：安くてすぐダメになるものを作ったらどうか
28. 機械的システム代替原理：別のシステムを使ったらどうか
29. 流体利用原理：流体を使ったら（にしたら）どうか
30. 薄膜利用原理：薄い膜を利用したらどうか
31. 多孔質利用原理：スキマを利用したらどうか
32. 変色利用原理：色を変えたらどうか
33. 均質性原理：質を統一したらどうか
34. 排除／再生原理：排除したらどうか、再生させたらどうか
35. パラメータ原理：形や条件を変更したらどうか
36. 相変化原理：形状を変更したらどうか
37. 熱膨張原理：熱を加えてふくらませたらどうか

38. 高濃度酸素利用原理：濃度を濃くしたらどうか
39. 不活性雰囲気利用原理：反応しないものを入れたらどうか
40. 複合材料原理：違う質のものを合わせたらどうか

　世の中のアイデア商品は、上記の基本原理が応用されていることが分かると思います。電気製品などは、小さくしたり、分割したり、機能を統合したり、原理を組み合わせているようです。100円ショップで購入するもの（傘や瞬間接着剤など）に耐久性は求めませんが、確かに安く、取りあえずは使えます。この原理を応用してアイデアを広げましょう。

5　発想法…左脳を使う②(問題解決法編)

　左脳を使うということで、厳密に見れば発想法とは少し離れてしまうかもしれませんが、問題解決の方法について見ていきます。起業は現在存在する問題を解決することから始まります。それをビジネスモデル（儲けの仕組み）として定着させればよいことになります。
　次に紹介するのは、問題解決を話し合うための基本的な方法です。すぐに応用できるので覚えておきましょう。

(1) MECE

　MECE（ミッシー）とは、Mutually Exclusive and Collectively Exhaustive の略で、「ダブリなくモレなく」という意味です。「左脳を使う①」で紹介した発想法を使ったときに、それが論理的かどうかを考える場合に有効な方法です。モレやダブリを確認することで、まだ出し切れていないアイデアなどを発想するのに役立ちます。

簡単な利用方法は、次の通りです。
1. マトリックスを利用した例です。物事の切り口（分類基準）を明確にし、独立した軸を定め、縦軸・横軸をそれぞれの軸に埋めていきます。
2. さらに、マトリックス上のマスを、1つひとつ埋めていきます。
3. たとえば、ワインをテーマに、いろいろな角度から新しいことを考えるとします。第1の軸は、ワインは、大きく赤、白、ロゼという3種類があります。第2の軸は産地、第三の軸はブドウの種類です。この切り口を明解にしておけば、モレやダブリがない発想ができます。

（2）等価交換法

　等価交換法とは、対象となるものを、他のものと一旦等価に置き換える発想法です。たとえば、テーマとして「居酒屋でのウイスキーの拡販」というものがあったとします。居酒屋では、はじめに取りあえずビールということが多く、ウイスキーをはじめに飲むということはあまりありません。そこで、ビールとウイスキーを置き換えて発想していきます。どうしたら、はじめにウイスキー系の飲料を注文してもらえるでしょうか。いろいろと発想が広がると思います。酎ハイ、ハイボール、ホッピーなどと考えてみましょう。
　簡単に方法を説明します。
1. 対象となるテーマを決めます。
2. その対象と等価なものを探します。
3. その等価なものと置き換えて、そこから発想していきます。
4. 3で得たアイデアを使って、改めてテーマについて考えを進めます。

（3）ロジックツリー分析

　対象となるものを細かく分解することで発想をしやすくする方法です。ロジックツリーとは、文字通り論理を構成するものがツリー状になるもの

で、表層に見えている問題から真の問題を発見する上で大変役に立ちます。

以下の図は、「収益を上げる」ための手段をロジックツリーで表現したものです。ロジックツリーにすることで、方法を網羅的に考えることができます。実際にロジックツリーを構成するときは重要なところだけ掘り下げます。たとえば、商品価格が市場のセリなどで決まる場合、定価をアップすることだけを考えても現実的ではなく、商品そのものの価値を上げることが重要になります。

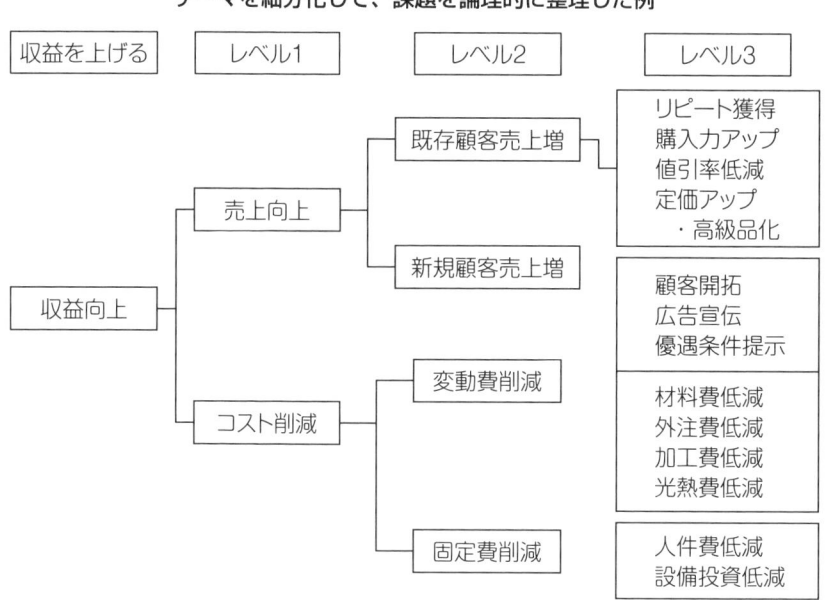

テーマを細分化して、課題を論理的に整理した例

収益を上げる	レベル1	レベル2	レベル3
収益向上	売上向上	既存顧客売上増	リピート獲得 / 購入力アップ / 値引率低減 / 定価アップ / ・高級品化
		新規顧客売上増	顧客開拓 / 広告宣伝 / 優遇条件提示
	コスト削減	変動費削減	材料費低減 / 外注費低減 / 加工費低減 / 光熱費低減
		固定費削減	人件費低減 / 設備投資低減

しかし、重要なところだけといっても、原因究明や問題解決のためには、いらないと思う部分であってもツリーの上位の方で網羅しておく方がよいでしょう。検討した上で切り捨てるのと、はじめから検討しないのとでは大きな違いがあるからです。よく原因を突き止めるために「なぜを5回繰り返せ」（なぜなぜ分析法）といいますが、ロジックツリーの場合でも、5階層くらいのツリーを作ると、より良い分析ができます。

発想法は、どれも基本的な考え方は似たところがあります。それらを組み合わせて利用することも重要になります。この場合、逆に5階層くらい掘り下げないと誤った判断になる可能性が高くなります。ロジックツリーで重要なのは、最初の階層はできるだけ上位概念で分けることです。最初は大きな枠組みで考えるとモレが少なくなります。
　ロジックツリー分析は、次のようなメリットがあります。

① 問題の全体把握が容易
　ロジックツリーを広く深く構成すると、問題の全体像が明確になります。全体像が把握できると、一押しだった案がダメになっても、別の案をすぐに用意できるというメリットがあります。また、広く検討した上での最善の結論であるということが分かりやすいので、交渉やプレゼンでの説得力が増します。

② 議論のズレを修正できる
　上の例でいうと、「売上向上」と「コスト削減」の優劣を論じても、お互いの階層が異なるので優劣を比較できません。この場合は、「新規顧客の売上増」と「既存顧客の売上増」といった同じ階層のもので優劣を論じる必要があります。実際の会議では、階層のズレを承知で、議論を戦わすことがよくあります。
　売上向上とコスト削減では、コスト削減の方は明らかに即効性があり、かつ簡単です。しかし長期的には、売上向上策を取らないと会社が衰退していきます。その議論が起きていることが大切だということです。

(4) シックスハット法

　シックスハット法とは、エドワード・デ・ボノによって開発されたアイデア発想法です。6つの帽子をそれぞれかぶり、その帽子の視点から考えて発想するのです。つまり、考える方向を変えることによって、強制的に

アイデアを発想する方法です。

簡単に方法を説明します。
1. まずテーマを決めます。
2. そのテーマについて、各帽子に決められたそれぞれの視点からアイデアを発想していきます。
3. 6つの帽子の色と視点は以下の通りです。
   - 白い帽子…客観的な視点
   - 黒い帽子…消極的な視点
   - 青い帽子…分析的な視点
   - 赤い帽子…感情的な視点
   - 黄色い帽子…積極的な視点
   - 緑の帽子…革新的な視点
4. これを繰り返すことで発想を深めていきます。

(5) ブレイン・ライティング

ブレインライティングとは、ドイツで開発されたアイデア発想法です。ブレインストーミングと同様にテーマについてアイデアを出し合っていきますが、このアイデアを配布したシート（カード）に書き込むことで発想を促していきます。

簡単に方法を説明します。
1. テーマを決めます。
2. 6人集め、それぞれの人に3×6のマスのあるシートを配ります。
3. それぞれの人がテーマについて5分間考えて、3つのアイデアを書き込みます。
4. 書いたシートを隣の人に回します。既に、それまでに書かれているアイデアを生かしつつ、テーマについて発想していきます。
5. 一周する（6回）まで繰り返します。

(6) PREP法

　PREP法（プレップ法）とは、以下の4つのフォーマット（Point、Reason、Example、Point）に従って文章化することでアイデア発想を促していく手法です。
① 結論・ポイント：Point
② 理由：Reason
③ 事例・具体例：Example
④ 再度、結論：Point

　たとえば、
①私はサイクリングが好きです（Point）
②なぜならサイクリングは健康によいからです（Reason）
③海沿いのサイクリングロードを一周してくると800kcalを使い、体力維持とダイエットにつながります（Example）
④だから、サイクリングが好きです（Point）
これをプレップ法でまとめると、
①私はこうしたいです
②理由はこうです
③たとえばこういう事例があります
④だから私はこうしたい

　プレップ法で話すと、理論的で分かりやすくなります。ビジネスでは、理論的な話し方を身に付けることは役に立ちます。また、自分がやりたいことの内容とその意思を明確にすることが大切です。

(7) セブンクロス法

　セブンクロス法は、米国のカール・グレゴリーによって開発されたアイデア発想法です。以下のようなセブンクロス（7×7のマトリックス）シートを使いアイデアを発想していきます。1人ずつ7つの項目に対して課題をあげ、意見交換をしながら優先順位を付け、対応方法を見出していく発想法です。

セブンクロス法シート

テーマ：＿＿＿＿＿＿＿＿＿＿＿　　評価基準：＿＿＿＿＿＿＿＿＿＿＿

	①	②	③	④	⑤	⑥	⑦
項目							その他
目標							
1							
2							
3							
4							
5							
6							
7							

◎表の見方
- ■の帯＝数字は、優先順位を表します。
- ▨の帯＝行っていくべき項目と、その項目に対する目標を記します。
- □の帯＝目標に向かって行うべき（対応方法）と思われることを記します。左の数字は優先順位を表します。

　簡単に方法を説明します。
　セブンクロス法を行う際には、グループ（7名が理想）を作ることから始めます。準備するものは、シート（模造紙などに大きく作るとよいでしょう）と付箋と筆記具です。基本的には、すべてのマスに対してグループ全員が案を出します。出された案は付箋に記入し、グループで話し合いなが

らマスに貼っていきます。グループが7人であれば、1マスに対して7つの案が出ることとなりますが、意見が重なることもあります。

　①項目（行うべき事項）→②目標（どうなりたいのか）→③方法（何をしたらよいのか）の順にグループワークを進めていきます。①②③とすべてに対して、必ず1人1つ以上の提案を出すようにします。提案がリンクすればするほど優先順位は高くなります。優先順位を決める要素は、表上の評価基準に沿って、「提案がリンクしているか」「すぐにできることか、できないことか」で決めていきます。

　すべてのマスが埋まったら、もう一度話し合いを行います。項目の優先順位を見直してみたり、対応方法により優先順位の変更が生じたりする場合があります。話し合いがまとまったら表を清書し、実行に移すためのマニュアルなどに活用します。

　このように、いくつもの意見の入れ替え（クロス）を行いながら、最適な方法と対処順序が明確になってくることがセブンクロス法の特徴です。また、話し合いながら行うことで、1人ひとりが提案者となり、責任感と連帯感が生まれてくるのです。

(8) 希望点列挙法

　希望点列挙法とは、「こうあってほしい」と思う希望点（理想）を列挙していき、それを基にアイデアを促す発想法です。現状の制約にとらわれずに発想することで、問題の焦点を絞り込むことができます。
　簡単に方法を説明します。
　1．テーマを決めます。
　2．テーマについて「こうだったらいいなぁ」と思えるような希望点を
　　　出していきます。
　3．希望点を基に、テーマについてアイデア発想していきます。

(9) 欠点列挙法

　欠点列挙法とは、欠点などのマイナス点を列挙し、それを基にアイデアを発想する方法です。問題点に焦点を合わせることができるので効率的な発想が生まれます。
　簡単に方法を説明します。
　１．テーマを決めます。
　２．テーマについて不満点、欠点を出していきます。
　３．欠点を基に、テーマについて発想していきます。

(10) 特性列挙法

　特性列挙法とは、ロバート・クロフォードによって開発されたアイデア発想法です。名詞的特性、形容詞的特性、動詞的特性に分類し、それぞれの特性を列挙することでアイデアを生み出していきます。

(11) ゴードン法

　ゴードン法とは、ウィリアム・ゴードンによって開発されたアイデア発想法です。ブレインストーミングを応用したもので、リーダー以外はテーマを知らないでブレインストーミングを行ってアイデアを発想します。
　簡単に方法を説明します。
　１．リーダーを決め、リーダーがテーマを決めます。
　２．リーダーは、テーマについて抽象化して、他のメンバーのブレインストーミングのテーマを決めます。
　３．２で決めた抽象的なテーマを基にブレインストーミングを用い発想していきます。
　４．３でブレインストーミングを行った後、リーダーは改めて１で決

めたテーマをメンバーに伝えます。
5．3で出たアイデアと1のテーマを基に、再度アイデアを発想していきます。

(12) ECRS

ECRSとは、発想のプロセスを次の4ステップで改善していくための指針のことです。優先順位は①→④で、「やめる」を基準に考えると、新鮮なアイデアが生まれます。

① 排除（Eliminate）
非付加価値的行動を排除します。思い切ってやめることから考えるということです。

② 統合（Combine）
2つのステップを統合することにより片付け作業と準備作業を1つずつ消去できます。2つを1つにする発想です。

③ 順序の変更（Rearrange or replace）
ステップの機械化など他のやり方に変えます。または、配置を変えたり、組織を置き換えたりします。

④ 単純化（Simplify）
必要な作業・検査を簡素化します。

(13) 蜂の巣ノート

マンダラートやマインドマップに似ています。蜂の巣のようなノートに発想を書き込んでいきます。ノートの中心の正方形のマスにテーマを書き込み、その周囲のマスに、そこから連想するものを書きます。そこからさらに隣接するマスへ連想することを書き、広げていきます。連想から生ま

れたアイデアの中から良いアイデアが出たら、少し離れた場所の六角マスに書き込みます。そこからさらに発想を広げていきます。

　ここまで紹介してきた方法は、左脳を使って論理的に、反強制的に、様々なツールを使いながら発想を促していく手法です。

第4章
役に立つ基本的な課題と参考事例

1 ビジネスプランの参考事例

　ビジネスプランを考えるときには、アイデアを考える（思い付く）きっかけが必要です。本章では数多くの事例を紹介していきますので、この事例をきっかけとして、先に解説した発想法を駆使して、独自のビジネスプランを考えてみましょう。

　紹介する事例は、既に成功している事例、成功していたが今は下火の事例、失敗した事例、他の企業が起業支援をするフランチャイズ（FC）などの事例が混ざっています。既に失敗してしまった事例でも時期が変わることによって、再び成功することもあります。時間軸をずらすことで、経済動向などの周辺環境が変わっているからです。

　同じ事例を読んでも、人によってその事例から受ける印象は異なります。しかし、事例をどのようなきっかけとするかということには正解はありませんので、いろいろな発想を進めてみてください。ただし、社会のルールとしてやってはいけない悪徳商売や相手の心理に付け込むような法律ギリギリのビジネスプランの発想をするのはやめましょう。そういったビジネスプランは、はじめはうまくいっても最終的には長続きしないものです。

　ビジネスプランを考えるときに一番大切なことは、顧客のニーズがあるかないかです。最も優れたプランは、消費者や利用者の全く新しいニーズに気が付き、そのニーズに合った商品を発明・投入することです。全く新しい商品であれば、競合相手もなく、爆発的に売れる可能性が高まります。こうした事例としては、ソニーのウォークマンやアップルのiPhoneやiPad、ユニクロのヒートテックなどがあげられます。顧客の隠れた需要に気が付き、需要を創造した素晴らしい商品です。

　しかし、同じように新しい商品であっても、あまりに先進的であったために失敗した事例もあります。たとえば、1990年代の電子書籍リーダーなどがこれに当たります。光が反射しない読みやすい文字表現の特許はパ

ナソニックが数十年前に開発したものです。既に特許期限の20年は切れていますが、今頃やっと普及し始めました。1990年代にソニーが電子ブックを発売しましたが、このときはソフトの普及が追い付かず、インフラの整備などもまだまだで、大きな成功を収めることができませんでした。こうした新しい商品にとって時間軸はとても大切で、あまりに先進的すぎるとうまくいかないのです。一般の人は、あくまでも普通の人であり、普通のニーズしかないと覚えておきましょう。

こうした普通の人のニーズを求めることとは逆に、個性を求めてニッチを狙う手法もあります。この場合は販売できる数量が多くはならないため、商品1つ当たりの粗利益が高くなければ経営が成り立ちません。いろいろとアイデアを出してみましょう。

それでは、ここから個別の事例について具体的に見ていきましょう。

(1) サービス提供

サービスのような形がないものの提供は在庫が発生しないため在庫資金が不要になります。こうしたビジネスプランの起業は簡単ですが、簡単なだけに、単純なプランではすぐにまねされたり、ライバルが参入してくることになります。

❶ 持ち込み商品に自由にデザインを刻印する
|特徴|

自ら考えた独自のデザインや顧客自らが考案したデザインを、顧客が持ち込んできた商品に刻印するサービスです。手作業で刻印する場合や、レーザー光線を使ってマシーンで自動的に刻印することもできます。ほぼ受注生産なので、在庫を持つ必要がなく、低リスク開業で副業にも最適です。

具体的には、ガラス、木、石、陶磁器、金属、デニムなど様々なものに、メッセージや名前、絵柄などを彫刻し、販売する事業です。専用のレーザー

刻印マシンなら約2坪分のスペースで開業できるので、自宅などでも開業が可能となり、イニシャルコストも極めて少なく済みます。開業に必要な費用は、マシーンのレンタル料などを含めて約300万円です。

ポイント：個性を求める顧客がターゲット

　類似の商売として、最新の3Dプリンターを設備し、顧客からの依頼はデータでもらい、部品や製品を作るサービスも考えられます。あると便利だが、いつも使うものではないサービスや商品は、顧客をつかむルートさえあれば商売として成り立ちます。

[問題点]

　ただ待っているだけではなかなか顧客は来ないので、顧客を呼び込むための広告宣伝などを行う必要があります。他にも、刻印のデザインの相談などに乗るために、個人的なセンスも必要でしょう（ただし、デザイン集などを利用する方法もあります）。また、リピーターが獲得できるか疑問があります。固定顧客が獲得できなければ収入が安定しないので、資金面での不安が残ります。

　また、こうした商売については、既に東京の喫茶店などで行われており、やや独自性に欠けているといえます。仮に、毎日10人の顧客が来たとして、客単価は2,000円だとします。1か月休まず働いても、2,000円×10人×30日＝60万円が売上です。こうして実際の数字で考えると、簡単には成り立たない商売だと気が付きます。こうした商売で成功するには、結婚式の引き出物や卒業式の記念品などといった仕事を大量に受注するルートが必要になります。他にも、通常は飲食店や喫茶店として活動し、副業として行うということも可能でしょう。

❷　中古携帯の修理・デコレーションなど

[特徴]

　成長しているモバイル機器の修理やデコレーションを行います。他にも、中古機器の買い取り販売を行います。携帯電話については、機種を変更し

た後でも、その携帯に保存されている写真やメールの保存のために、多くの人がそのまま自宅に保管しています。これらの問題を解決し、さらに買い取りを行うのです。買い取った携帯は、そのまま販売できるルートが存在します。また、希望により電池交換やデコレーションを行います。さらに新品販売や Wi-Fi 機器などの設定を行えれば、法人顧客を獲得できます。

ポイント：個性を求める。中古を利用する

> 問題点

　中古の買い取りは安定して行うことができません。特に売れ筋商品はなかなか入ってこないにもかかわらず、販売できないような不人気機種を買い取ると不良在庫を抱えます。不人気機種を全く買い取らないと、そのうわさが口コミで広がり、買い取りをしてくれない店として顧客が集まらなくなり、その店は存続できなくなります。他にも携帯電話をデコレーションするための技術や修理に関する技術が必要になります。

❸　自動車の補修・改造を専門的に提供する

> 特徴

　自動車に対する複数の補修技術をマスターし、古い車をよみがえらせるビジネスです。私の友人（本業は医師）が、補修とチューニングを併せて行う修理店を経営し大成功しています。修理を専門に指導してくれる場所があり、そこで技術を習得し開業しました。自動車を中心とした複数の修復技術を習得し、ホイールリペア（ホイールの傷・ゆがみの修復）、インテリアリペア（自動車の内装を修復）、マニキュアコート（自動車の外装をスピードコーティング）、ウッド＆サッシリペア（家具から床・柱といった木製品、アルミ製の窓サッシを修復）や、エンジンのチューニングを行います。顧客は中古車販売店やディーラーが中心ですが、個人顧客も多いようです。

　中古車販売店は、修理してより高く販売することが目的です。そのため、自動車について様々なリペアをする店が増加しています。市場は中古車市

場で、約8,000万台の中古車が流通しています。

ポイント：個性を求める。手作業などの技術を要するので、他社が嫌がる

問題点

当然ですが、高い修理技術を身に付けなければなりません。趣味が高じて自動車整備にはまった私の友人のように、かなり特殊な能力といえます。また、起業を志す人の中には、こうした自分の特殊能力を生かそうと考えている人も多いのですが、実際の顧客を安定的に確保することは容易ではありません。他にも、車は動けばよいと考えるのではなく、常に美しく維持したいと考える人が多いときはよいのですが、車の美しさは、車の本質的な機能ではないので、経済環境の影響を大きく受けるリスクもあります。

❹ 医療の遠隔診療サービス

特徴

過疎地や医療設備が遅れている医療施設から、インターネット経由で検査結果や検査映像を入手し、医療専門スタッフが診断し、適切な医療行為を指示するビジネスです。その仕組みをサービスとして提供します。診断を行うための専門医師は事前に会員登録してもらい、その専門分野の依頼が来たときに連絡して診断してもらいます。このビジネスモデルは、インターネットを使うので国境がありません。

ポイント：典型的な元締め商売。人をつなげるだけで儲ける

問題点

一番の問題は、専門医師を複数確保しなければならないということです。さらに、資金を投資してから回収するまでのシステムの構築が難しいこともポイントです。また、こうしたシステム自体、緊急性がある症状に対しては診断できないことがあるのも問題です。

第4章 役に立つ基本的な課題と参考事例

❺ 人工温泉の提供サービス

特徴

　顧客の要望に合わせて鉱石を組み合わせ人工温泉を作る機械を販売します。旅館・ホテルは、温泉の有無によって宿泊客の数が大きく変わるので、温泉が出ない地域の旅館や企業の保養施設、富裕層の自宅などに、通常の湯が鉱石の間を通ることで温泉と同じ成分を含むように工夫された機械を販売します。日本人は温泉好きなので、需要は大きいと思います。水にはいろいろな種類と性質があるので（ナノ分子水、純水、重水、汽水、海水など）、まだまだいろいろな商売が考えられます。自宅用の小型設備を開発すると需要が広がると思います。

ポイント：特殊技術と入手ルートの確立

問題点

　特殊な鉱石をどうやって収集してくるかが大きな問題です。また、機械のメンテナンスが発生するので、そのアフターサービスの仕組みの構築も考えなければなりません。これらを併せてうまく行うことができれば収益につながりますが、起業当初からすべてを行うことは、人件費がかかるので簡単ではありません。既に同様のサービスを提供している企業があるので、競合しないようなちょっとした工夫も必要になるでしょう。

(2) FC（フランチャイズ）販売

　起業のノウハウをFC展開企業が組織的に指導してくれるので安心です。しかし、一番難しい営業・販売については自らが行わなければなりません。またFCのロイヤリティはかなり高く、大きな儲けは期待できません。さらに販売不振のときでも、リスクは自らが取らなければいけないという欠点もあります。FCについては、数々の訴訟が起こされ、様々なトラブルが起きています。安易な考えは失敗のもとです。

❶ 大手コンビニの FC に加盟する
特徴
　誰でも、経験ゼロから店舗経営のオーナー（経営者）になれます。すべての準備をコンビニエンスストア側が用意してくれ、開業前の研修や開業後も店舗の成長段階に応じた研修・勉強会もあります。開業資金を融資してくれる制度も用意され、未経験者でもわずかな開業資金から始めることができ、成功すれば複数店オーナーも夢ではありません。
ポイント：土地がある、人が余っているなど、何らかの優位性が必要
問題点
　なぜ、ここまでコンビニ側が用意してくれるのかを少し考えてみましょう。それは失敗のリスクをすべてオーナーが取るからです。コンビニ側は、販売する商品や情報の提供だけで売上から一定割合を徴収し、経営者に売上金が渡されます。既に大量に出店し、ノウハウを確立しているコンビニ側には大きなリスクはありません。出店場所やオーナーの力量、残業時間、家族の支援（アルバイトを雇わない）で収益が決まります。

❷ 中古車販売の FC に加盟する
特徴
　全国のオークション会場とネットワークを持つ中古車販売業者の FC に加盟すると、基本的なことはすべて指導してくれます。本部ライセンスを活用し、全国で開催されるオークションを利用した格安販売が可能となります。人気車種はもちろん、輸入車や希少車のオークションでは、ほとんどすべての車が流通しています。注文を取ってから本部に発注するので、在庫は持ちません。主に、インターネット上での提案販売のため、難しい営業もありません。国内産業なので安定しており、特に必需品の大衆車や軽自動車は経済環境の大きな影響を受けません。業者専用情報ソフトを使って無店舗・無在庫で行う事業で、店舗運営リスクも在庫リスクも不要です。設備はパソコン、携帯、FAX などで、特殊なものは不要なので自

宅で運営可能です。

ポイント：顧客獲得に独自ルートを持っている場合

> 問題点

　集客できなければ全く利益が出ません。FC業者は、口コミ活用やネット集客など低コストでの集客ノウハウを提供するといいますが、集客が簡単に行えるならば、自分たちで行っていることでしょう。一番難しい「顧客の獲得」という営業面をFC会員に押し付けたビジネスモデルです。自分で集客することに自信があれば成功します。

❸　飲食のFCに参加する

> 特徴

　カレーの「CoCo一番屋：㈱一番屋」や「東京チカラめし：㈱三光マーケティングフーズ」などのFC展開が有名です。これらのFCには、将来の起業希望者の育成方法に特徴があります。まず、従業員として働き、仕事を覚えることから始まり、その後、内部で行われる開業のための試験を受けて合格すると、開業の支援をしてもらえます。将来の起業という夢を与え、優秀な人材を円滑に採用し、成長しているのです。両社とも当然、「低価格」「味が良い」「早い」といった特徴があります。その他にも、苦情をたくさん聞くシステムやトッピングで利益を上げる仕組みなど、いろいろと工夫がされています。

ポイント：リスクが少ない簡単な起業であるが、本来の起業ではない

> 問題点

　両社ともに元締め商売です。起業して開店した経営者は、FC元の指示に従い販売する形態のビジネスモデルだということです。確かにリスクは少ないかもしれませんが、自らの努力で青天井の成長が見込める本来の起業とは少し違います。

(3) 大企業の中での発明・新規事業

　大企業は、大規模な試験研究費による設備投資で研究施設を持ち、最先端の研究を行っています。これらの研究は大きな成果を上げていますが、試験研究費と比例して成果が上がっているわけではありません。中小企業でも画期的な発明が行われたり、大企業にまねできない細かな製造技術を磨いたりしているところも多いのです。そこに起業の面白さがあります。実際の起業ではありませんが、大企業の中でも大きな発明や新しいビジネスモデルの構築は可能です。これまでに有名になった事例は以下の通りです。

① ノーベル賞受賞
　2002年に田中耕一氏は、タンパク質の分析装置の発明で受賞しました。島図製作所勤務のサラリーマンが受賞したことで話題になりました。
② 青色発光ダイオード
　省エネでLED照明が当たり前のように使われていますが、これは、当時日亜化学工業勤務の中村修二氏が発明したものを基礎としています。
③ その他、上記ほどではないですが特筆する事例
- ネオジム磁石：強力な磁力を持つ磁石で、省エネ機器などで大活躍の発明です。
- 純水：不純物を全く含まない水を作る技術です。半導体のゴミの除去などに使います。日本が先行する特殊技術です。
- ナノ水：水の分子を細かくする、極小の泡を作り出すなどのナノ技術です。いろいろと応用が利きます。
- 炭素繊維：軽く非常に強いのが特徴です。加工が難しいですが、その部分に日本企業が独自技術を持っています。

ポイント：大企業の中でも考え方次第で、起業感覚を味わえる

第4章 役に立つ基本的な課題と参考事例

❶ 段ボールが薄く、梱包材(こんぽう)が不要な箱

|特徴|

　大企業の研究開発チームが実際に成功した事例です。段ボールの強度を変えずに、10％薄くすることが可能になりました。これによりトラック1台に積むことのできる箱の量が増加します。1箱単位では目立たないかもしれませんが、大型トラックで大量に配送する現場を考えると大きな効率アップにつながります。

　また、配送時に中身を守る発泡スチロールや梱包材が不要になる段ボールの織り方、箱の作り方を開発すれば、大量に使うものだけに大きなコスト削減につながります。当たり前と考えずに、少し工夫すると大きなコスト削減につながることが多いのです。

ポイント：簡単な見直しも大きな成果を生むことがある

|問題点|

　段ボールを薄くすると基本的に弱くなるので、その部分を克服できる素材が必要になります。

（4）不動産関連

　不動産関連の新規事業は様々な形で行われています。不動産は単価が高く、動く金額が大きいという特徴があり、それだけに成功することができれば大きな利益が見込めます。起業を考えるときに、大きな金額が動くということは、それだけ儲けのチャンスもあると前向きに考えましょう。小規模の起業の場合、大きな資金を手当てできないので、仲介の方法を工夫したり、従来にないサービスを提供したりすることで、その資金を流れの一環に取り込むと継続的な利益が見込めます。

❶ 銀行の住宅ローン

特徴

　金融機関は、住宅ローンを店舗で販売していましたが、相手が個人で説明に時間がかかるため効率が非常に悪い状態でした。そこで思い切って各店舗が住宅ローンを取り扱うことをやめ、新たにローンセンター網を構築しました。

　従来は、各店舗2名×500店＝1,000名というローン担当者が必要でしたが、ローンセンターにして、住宅ローンの持ち込みを不動産会社に限ったことで説明が不要（不動産会社はプロです）になりました。ローンセンターは銀行員を2名置き、後は退職した銀行員やパートで人件費が大幅な節減になります。全国に50か所設置しても、2名×50か所＝100名で済み、人件費を約1/10に削減できます。

　また、ローンをパートでも扱えるようにパソコン用プログラムを作成し、条件の入力は不動産会社に行ってもらいます。その代わり、一定以上の持ち込みを維持する不動産会社には、ローン上限の引き上げや特別金利の適用などで販売促進のメリットを作りました。その結果、銀行の住宅ローンの持ち込みは飛躍的に増加しました。

　一方で、大幅なコスト（人件費）削減にも成功しました。さらに進めて、融資判定をシステムで行うことで、ネットのみでの申し込みを受け付けることが可能になりました。他の分野にも応用できると思います。

ポイント：仕事の流れを従来と変えてみる

問題点

　顧客との接点が薄れるため、他の商品を販売する機会も失います。不動産会社やセンターの職員やパートのスキルが高くないと、当初のパソコン入力が不正確で、ある程度売買契約が進んだ状況でも、ローンが不成立になります。

❷ デザインマンション（予定顧客の囲い込み）

特徴

　新築マンションの購入予定者で「友の会」などの会員組織を作り、事前に組織化しておきます。都心部のマンション用地を調達した段階で、会員に場所・広さ・建築時期などのおおよその情報を提供します。その中から購入希望者を募り、その顧客の要望に応える形で（オーダーメイド）でマンションの内装を行います。オーダーメイドなので、こだわりを持った顧客を事前に販売先として見つけることができます。顧客は会員なので、顧客情報から住宅ローンなどの支払条件が把握できます。一方、直接的な広告宣伝が不要なため、その分マンションの販売価格を抑えることができます。双方にメリットがある販売システムになります。

ポイント：広告宣伝費の見直し

問題点

　オーダーメイドのため途中の解約ができません。事前の購入者が見つからない場合は、通常の販売形態に移行するため、同じ物件で販売価格が異なることが起こります。

❸ シェアハウス（部屋ごとに賃貸し、一物件を複数の人に貸す手法）

特徴

　都心部での高い賃貸料を数人で分担することで家賃の負担を軽くすることができます。複数に賃貸するため、空き室リスクが下がります。たとえば、一軒家の賃貸では月20万円の賃料設定の物件を4部屋に分け、1部屋6万円で貸せば月24万円になります。この金額は通常の家賃である月20万円よりも高いだけでなく、一部屋空いても月18万円の賃貸収入が確保できます。

ポイント：昔の賄い付き下宿を現代風にアレンジ

> 問題点

　共同利用スペースが発生するため管理が難しくなります。入居者の属性に注意して募集しないと、共同生活ができない可能性が発生します。

❹　売れ残りの処理、リフォーム再生
> 特徴

　マンション販売は、全体を一定期間に販売するのですが、最後の10～20%の販売で利益が出る仕組みになっています。つまり、一棟20戸のマンションでは、最後の4戸の販売で、その部分が利益となります。

　しかし、経済情勢は常に変化しており、当初の計画の一定期間では販売できないことがあります。そのまま値下げして販売すると、既に購入した顧客から苦情が来るので、それを避けるための売れ残りの処理方法が必要になります。

　販売元は、残った戸数をすべて販売できれば利益になります。そこで、この部分に限った顧客開発を行います。自分で住むのではなく、投資用マンションとして購入する顧客層を確保しておけば、この顧客たちは利回り重視なので、短期間での販売が可能になります。単純な販売でもよいのですが、付加価値を付ける手法を開発すると、販売が非常に楽になります。売れ残ったマンションに、高級設備や家電製品を付帯させるなどで付加価値を付けます。

　リフォーム再生も同様なテクニックです。空室になっている賃貸物件に付加価値を付けることで魅力的な物件に再生させます。

ポイント：資金の流れを追うことで発案
> 問題点

　付加価値を付ける部分には独自性が必要で、顧客を呼ぶ新しい発想が求められます。また、リフォームを通常よりも安価に行えるルートが必要になります。

(5) 農業

　日本の農業分野は、法律による規制が厳しく、改革が非常に遅れています。したがって、他の業種で成功している効率化の手法を取り込めばできることはたくさんあります。今後、規制緩和などにより法律が改正されることが予想されます。そのときが大きなチャンスです。欧米の農業先進国で行われている効率的な農業を見習い、生産性を上げることが比較的簡単にできます。

　また、TPP（環太平洋戦略的経済連携協定）などの貿易協定への参加で、農業分野が自由化の波にさらされることが予想されます。そのときも大きなチャンスです。従来型の小規模な農業や兼業農家は効率化を迫られます。産業としての農業が発展することでしょう。

❶ 東京近郊の遊休地を利用した野菜栽培

特徴

　東京都心のバラバラの遊休地を地権者から借り上げ、整備・管理して時間貸し駐車場として成功した「パーク24㈱」があります。同様な考え方のもと、東京郊外の遊休地を整備・管理し、都会で販売するレタス、小松菜、三つ葉などといった新鮮な野菜を作るための土地として利用するビジネスです。

　農作業は近隣の植物好きの高齢者を使い、健康維持と小遣い稼ぎを併せて、早朝から出荷までの間、近所の遊休地で農作業をしてもらいます。高齢者からすると、短時間ながら働くことで生きがいを感じますし、少額かもしれませんが定期収入が期待できます。近隣のスーパーなどと提携すれば、その日の朝に近所で採れた食材が店頭に並びます。

ポイント：すべて借り物で、設備投資がいらない

問題点

　雇用する高齢者のスキルが一定ではなく、そのための指導や管理が必要

となります。また、耕作地の場所、規模といったものと、その場所で雇用できる高齢者の数が一致するとは限りません。他にも販売先を探す営業努力が必要です。

❷ 地元農家と契約し、育成者を明示して安全を売る
特徴

2011年に発生した原子力発電所の事故以降、食の安全に注目が集まりました。そこで、生産者、産地、生産日時などを明確にすることで食の不安を払拭し、一般の食品流通物と差別化していきます。

大手スーパーと競合する地元スーパーなどは、大量仕入による販売価格勝負では大手スーパーと比べて不利なので、地元の農家と直接契約し、どこの誰が作ったかを明示して店頭に並べます。価格競争を避けて、商品の安全性で売る戦略です。

ポイント：商品の安全性と鮮度

問題点

こうした事業が拡大すると地元の農協と競合するので、農協の支援で作付けや流通販売を維持している農家の参加が難しくなります。

❸ 必要な時期を指定し、契約分全量の買い取りを約束する
特徴

農作物は自然が相手なので、天候により大きく価格が変動します。農作物が豊作であっても、それによって価格が大きく下落すれば、結果的に農家の収入は減ります。そこで、一定価格で一定量の買い取りを保証することで、決まった日時に収穫できるように農家に作付けしてもらい、それらの作物の安定供給を条件に販売先を探します。イベント向けの商品（イチゴ：クリスマス、クワイ：正月など）や定番商品（きゅうり、なす、トマトなど）を安定して供給できるビニールハウス栽培にして、それらの供給が約束されれば、販売先を事前に見つけることができます。こういった商

売を一歩進めると、野菜工場などのアイデアも生まれますが、これにはさらに技術が必要になります。

ポイント：典型的な元締め商売

問題点

ハウスものでは温度の管理はできますが、日照時間は天候に左右されるので、計画通りにいかないことがあります。野菜工場はオランダや韓国でかなり進展しているので、輸入品と競合します。

❹ 場所のみを提供する農産物の販売

特徴

地方の「道の駅」やスーパーなどに見られます。農家の人が自分の判断で、自らが作った農作物を持ち込み、展示販売します。経営者は場所を提供するだけです。スーパーなどの場所提供者は、売上の一定割合（たとえば20％くらい）を販売手数料として徴収します。場所提供者は、仕入の手間も在庫負担も必要なく、手数料だけが手に入ります。また、販売商品に新鮮な野菜が増加し、他の商品の販売との相乗効果が期待できます。持ち込む農家にしても、商品を並べるひと手間（売れ残った場合は回収の手間が発生します）で現金収入が手に入ります。

ポイント：投資が不要

問題点

場所提供者のスペースは限られているので、それほど拡大はできません。集客力をもともと持っていない農作物の提供者しか現れないため、ブランド的な作物は期待できません。また、広告を打つと経費が発生し、販売手数料の20％で賄いきれない可能性が出てきます。

❺ 産地直送販売（ネット販売）

特徴

インターネット販売は、消費者と直接つながるため、季節感のある商品

や一番おいしい旬な時期にかぎっての販売で、通常の販売ルートに加えて別ルートでの販売が可能です。たとえば、通常の販売ルートに流すだけの数量が取れない魚や野菜・果物などが考えられます。ブランド米やブランド野菜も可能でしょう。送料が商品の価格との比較でそれほど割高でなく、また、商品の品質が良ければ固定顧客を獲得できる可能性があります。しかし、ネットでの販売は一般的になってきているので、他のネット販売との差別化も必要になってきます。

　過去の成功事例では、高級サクランボを贈答品として販売するのではなく、数量を減らして自分用として販売したところ成功したといった事例があります。他にも、通常のルートで販売できない規格外の商品（大きすぎる、小さすぎる、曲がっている、少し割れているなど）を訳あり商品として販売することで、割安感が出て大きく販売が伸びたことがあります。自らのホームページに顧客を呼ぶことは難しいので、楽天やAmazonを使うこともできます。その場合は15%程度の手数料がかかります。

ポイント：流通経路を変えると従来客以外の顧客が獲得できる

問題点

　希少商品や訳あり商品は数が限られます。従来の販売ルートと異なる顧客を獲得しないと、従来の販売が減少するだけで、新しい商売にはなりません。

(6) 法改正

　法改正は、従来、法律で規制されて事業を行うことができなかった分野や、法規制のためにコストがかかり、産業として成り立たない分野などが、全く新しい手付かずの商売領域として開放されると考えましょう。起業には絶好のチャンスです。日本では、先に述べた農業の他にも、医療分野の規制が厳しくなっています。これらについては、今後の法改正などで成長分野に変わる可能性が高いと思われます。

❶ 太陽光発電、風力発電
特徴

2011年の原子力発電所の事故の影響で、環境にやさしい太陽光発電や風力発電を導入する機運が高まり、国や地方公共団体の補助金制度が後押しする形で急速に広まっています。こうした流れは新しい需要の発生ですから、起業には最適といえます。

ポイント：環境保全

問題点

毎年、法律が改正される補助金制度に頼った起業であると将来が見通せません。EU諸国では、既に補助金の額が減額され、簡単には成立しないビジネスになっています。

❷ 緑化ビジネス
特徴

東京都の条例では、2001年4月以降、1,000㎡を超える敷地での建築物に対し緑化計画書の届け出が必要になり、緑化を行う場合には都から補助金が出るようになっています。これは新しい需要の発生であり、この分野で起業すれば成功する確率が高くなるといえるでしょう。しかし、当然のことですが、従来から緑化ビジネスを行っている企業も存在し、これら企業との競争になります。

ポイント：環境保全、温暖化対策

問題点

屋上を利用することが多く、太陽光発電と場所が重複します。他にも防水加工や土の重量計算など高度な技術が必要になります。

❸ 治験ビジネス（医療関連ビジネス）
特徴

治験ビジネス(新薬を認可する際に必要な診療データを作成する仕事)は、

1990年代に治験データ処理の外注化が認可されたことにより急成長しました。厚生労働省が、これまで製薬会社に限っていた治験データ処理について規制緩和を行ったのです。

しかし、この規制緩和もまだまだ不十分で、新薬の申請から認可までにかかる時間は欧米諸国の約2倍になっています。今後の高齢化社会を考えると、この規制は緩和する方向に向かうことが予想されます。そこに目を付けた起業を考えてみると、以下のようなものが思い浮かびます。

- 米国のクインタイルズ社の成功を研究し、日本の規制緩和とともに起業したEPS（東証一部）は、治験分野での成功事例です。
- 最先端の医療器具は、日本は大きな輸入超過です。この分野も、今後改善が求められます。ニーズがあるところで起業すれば成功します。

ポイント：高齢化社会では医療分野は成長分野です

問題点

規制緩和を当てにした起業準備は、予想が外れると投資回収に計画とのズレが生じ、失敗する可能性が高くなります。

❹ 予防医療ビジネス

特徴

高齢化社会の到来により、健康関連市場が脚光を浴びています。単なる長生きではなく、人生を楽しむ生き方をするため、病気にならない体をつくることが求められているからです。

米国では国民皆保険制度がなく、医療費が自己負担のため、予防医療についての関心が高くなっています。その米国での事例が参考になります。自分で医療行為をすることを考えるのではなく、将来は健康維持がビジネスになるので、それを見越して医療機関と提携し、利益が上がる仕組みを考えることになります。

- 検査：MRI（核磁気共鳴画像で頭部の血管を撮影し、脳梗塞などの病変を調べます）、CT（コンピュータ断層撮影で、身体の内部を画像化

します)、マンモグラフィー(乳がんの早期発見のために乳房をX線撮影します)などの最先端の検査機器による検査とカウンセリングを組み合わせた検査です。健康体の場合は保険適用外の医療です。予防医療に非常に役立ちます。
- **カウンセリング**:検査結果やストレス(心の問題)を含めて総合的に、病気の予防について相談に乗ります。
- **最先端医療機器**:医療器具、医療ロボット、粒子線発生機器などは、日進月歩で進化しています。新しい機器の使用には治験が必要ですが、その限られた台数・場所、患者に対する優先順位など難しい問題が発生します。EU諸国では、この分野の効率化が進んでいますが、日本ではこれからなのでビジネスにつながると思います。
- **緊急医療**:日本では救急車は無料ですが、高齢化社会の到来で、患者のたらい回しなどの様々な問題が発生しています。こうした問題は今後さらに拡大すると予想され、効率化の仕組みが利益を生む可能性が期待されます。

ポイント:予防医療は国の医療費の圧縮につながります

問題点

医療行為に関しては医師以外はできません。カウンセリングに関しても同様で、それぞれの分野の専門家が行わなければなりません。先にも述べましたが、医療分野には様々な法規制が存在します。

❺ 病院の居住性を改善する

特徴

現在の日本の病院は、他の分野に比較して旧態依然としています。今後、高齢者が増加することを考えると、病院の居住性の向上を期待する顧客層が多くなることが予想されます。病院に入院し長期間過ごすことになると、その居住性は重要な問題です。

入院している高齢者にとっての楽しみは、食事、入浴、面会、手紙・メー

ル、読書、映像鑑賞などでしょか。現在の病院のほとんどは多忙で、そういったことまで考えが回りません。そこで、それらを提供するビジネスを考えます。既に、都心部の居酒屋では安価でおいしい食材が提供されています。他の進んだ分野を見習い、提携してサービスを提供すれば、少し高くてもそれを求める患者を獲得できる可能性が高くなります。実際に地方での成功事例があります。

ポイント：病院を生活の場として考える
問題点

　日本の医療は、保険扱いと保険外部分に分かれており、その中間はありません。居住性を高めても、同じ料金では採算が取れない場合もあるので。診療以外の分野に限られます。

(7) OtoO(Online to Offline)ビジネス(ネットからリアルに)

　インターネットの世界は、新しいアイデアが次々と出て、大成功している企業がたくさんあります。ネット社会が当たり前になると、ネットを閲覧している人をリアルな世界に引き込む戦略が重要になります。したがって、この分野の起業も有望だと思われます。

❶　クーポンサイト（共同購入型クーポン）
特徴

　グルーポンが有名ですが、他にも多数存在します。ネット閲覧者を実際の店舗に誘導する手法として有効で急成長しましたが、同様なサイト運営が乱立し、競争が激化してしまいました。しかし、クーポンサイトは、確実に来客を促すことができる手法の1つとして、いろいろな応用が期待できると思います。

　この手法の仕組みは、インターネット上のサイトでクーポンを販売し、設定された一定人数の商品購入者を集めます。そのときの価格設定は一般

価格に比べ安価に設定されています。

　クーポン購入者は、クレジットカードなどで先に代金を支払い、その後、画面にクーポンコードが表示され、そのクーポンを印刷して持参したり、携帯電話画面などで示すと、実際の店舗で商品やサービスの提供を受けることができます。

　販売店は、販売額に対して、クーポン会社に支払う一定の手数料を差し引いた金額を受け取ります。たとえば、整体や美容院などのようなサービスを提供する店舗では、クーポン購入者が確実に来店します。なぜなら代金を先払いしているからです。効果のはっきりと見えない広告を打つよりも、顧客を店舗へ確実に誘導できます。ただし、その顧客がリピーターになるかどうかは、店舗の努力次第になります。

ポイント：広告の効果が代金先払いという形で現れます

問題点

　次にあげたようなトラブルが発生しています。

　ネットで表示された商品と実際の商品が異なる。

　一般価格と示された商品・サービスが存在せず、割引率などを過大に表記している。

　通常業務でこなせる以上の客が押し寄せ、既にいたリピーターなどに対してサービスができなくなる。

❷ 価格比較サイト

特徴

　価格比較サイトとは、複数の店舗価格からの情報提供や独自の調査により、ショッピングサイトやオークションサイトなどから情報を集め、個別商品ごとや商品カテゴリーごとに、簡単に価格の情報を比較できるようにしたサイトです。商品だけでなく、形のないサービスなどの価格も比較されています。複数の店の販売価格を横断的に検索でき、価格の低い順番やメーカー順に並べ替えができるなど利便性が高くなっています。購入を考

えている商品の価格（送料も明示される）ばかりでなく、その仕様や価格変動状況も見ることができます。商品を実際の店舗で購入する前に、既に購入した人の商品に対する口コミ情報や商品レビューが表示され、使い勝手も参考になります。

　ショッピング比較サイトは、単なる一覧・比較だけではなく、様々な商品開発者が必要とする統計データが参照できるサイト、ユーザー同士が情報を交換し合えるサイト、ポイント還元サービスのサイトなど、様々な進化をしています。

　サイト運営者の収益については、主にこのサイト経由で出店者のサイトに移った場合に課金される仕組みになっています。広告主としても、買う意欲満々の顧客を自社のサイトに誘導することができるので、広告の効果を計測することができます。また、様々な顧客の統計データは、商品開発、クレーム処理、顧客心理の分析・調査に役に立つため有料で提供されます。主な価格比較サイトは、価格.com、比較.com、ベストゲートなどが有名です。

ポイント：典型的な元締めビジネスです

　問題点

　有力サイトに利用が集約されつつあり、後発での参入は難しい状況になります。こうした状況から、価格比較サイトの形態を起業に応用するには、新しい発想を追加することが必要です。

❸　飲食店の評価と割引クーポン

　特徴

　飲食店の情報を集めたサイトで、割引券の発行や利用者のレビュー評価や口コミを見ることで、自分の嗜好（しこう）に合った店舗を探すことができます。「ぐるなび」や「食べログ」はその代表的なサイトです。ここでは、「ぐるなび」を例に、その仕組みを説明します。

　「ぐるなび」は、基本的には飲食に関する情報提供サイトの運営会社です。

その仕組みは、店舗情報を飲食店事業主から広告として募りますが、運営サイトに載せるだけなら無料です。一方で、提供サービスに顧客を集めるためのツール（付加価値）が多数用意されていて、それを追加するごとに飲食店側の負担する広告費が上がっていきます。管理画面（飲食店が掲載されている）から情報を発信し、利用者は無料で検索・閲覧することができます。飲食店情報を扱う先発のポータルサイトとして集客力が強いことから新たな顧客を呼びます。ぐるなびは、その草分けともいえるシステムです。

今では当たり前になりつつありますが、消費者が飲食店を利用し、その感想を書き込める仕組みを作ったことで、消費者の意見が次の利用者に伝わる仕組みができているのです。加盟店舗数は約6万店で、外食産業のネットワークとしては日本最大です。加盟店舗のうち約1万店は、販売促進の目的でぐるなびを利用しており、年間で販売促進のプランを立て、広告戦略を実行しています。

サポート体制としては、担当営業のほか、プランニングを推敲（すいこう）する販促プロデューサーと子会社のぐるなびプロモーションコミュニティーのスタッフによる複数担当制を敷いています。この関係を発展させて、新たに飲食店と密接なコミュニケーションが可能なため、外食産業と周辺産業をつなぐ事業としてぐるなびオリジナルBtoB（企業間の取引）事業がスタートしました。この周辺産業と提携する動きは、ビジネスモデルの参考になります。

ポイント：情報の信頼性の維持が重要

> 問題点

❷の価格比較サイトと同様、有力サイトに利用が集約されつつあり、後発での参入は難しい状況になりつつあります。

❹ アフリエイト、ポイント提供サイト

特徴

　アフリエイトとは、世の中の様々なサービスや商品をブログなどで紹介することをいいます。そのサイトを見て店舗に行くことで紹介料がもらえます。ネットの世界で魅力あるブログなどを立ち上げている場合、そこから、ある商品を扱っている店舗のサイトにリンクを張って誘導し、誘導した分だけの紹介料がその店舗からもらえるというシステムです。

　同様な仕組みは他にもあります。カード発行会社のサイトでは、特定のサイトからネットで注文すると、通常の倍以上のポイントがもらえます。カード会社は、何もしないで手数料を稼げますし、ネット商店はカード会社の会員顧客を店に誘導してもらえます。双方にメリットがあるので、提携するだけで利益が上がります。

ポイント：<u>自分のサイトに集客するコンテンツ能力が必要です</u>

問題点

　芸能人などの「やらせ」が問題になっています。

❺ 携帯電話の GPS 位置情報利用

特徴

　顧客の移動情報を利用したリアルタイムのサービス提供ができます。たとえば、ショッピングのために商業ビルに入った時に、そのビル内で利用できるクーポンがメールで送信されたり、さらに時間を組み合わせて昼時、夕食時に合わせて飲食店などの広告をメールしたりできます。位置情報を使ったゲームでは国盗りゲームなどが有名です。実際に自分が行った場所のみ、そこに城を作ることができます。全国を巡る出張族には、とても良い楽しみになります。

ポイント：<u>位置情報のスイッチが入れてあることが前提です</u>

問題点

　自分の行動を監視されているようで、嫌がる人もいます。

❻天気予報
特徴

　会員を募り、その会員からの情報でリアルタイムに極めて狭い場所の天気の様子を提携フォームにより送信してもらいます。それを集計して、会員に提供することで会員の人たちは、精緻な正に今現在の天気情報を知ることができます。この天気の情報は、運輸業者からすると荒天を避けることができたりするので大きなコスト削減につながります。この天気予報ビジネスは、気象法の改正で実現したビジネスです。

ポイント：会員という協力者のもとで成り立っています

問題点

　会員の情報に頼るため、会員の質を維持する必要があります。

(8) 人材育成

　社会が高度化している現在、それに伴って専門分野の知識も高度化しています。過去に大学などで学んだ知識も、時間が経過するとともに陳腐化していきます。現在は、それぞれの勤務する会社の教育制度などで知識を補っていますが、これも会社の規模や方針によって大きな差があるため、企業内研修を行う余力がない会社や、方針として行わない会社が出てきています。現在では、インターネットなどの発達で情報に対するコストが下がり、その一方で、社会の大きな変化で大学で学んだ知識の賞味期限が短くなっています。

　このような状況の社会において、再教育ビジネスは今後有望と考えます。年功序列が崩れ、自らの能力を高めようとする積極的な行動が始まりつつある今だからこそ、ビジネスのチャンスがあると考えます。それでは、個別の事例を見ていきます。

❶ マンツーマンの語学スクール
特徴

　仕事のグローバル化によって、英語を話せることがビジネスパーソンの重要なスキルになってきました。一方で、日本で行われている公立学校での英語教育だけではなかなか話せるようになりません。そうした環境から、日本では語学学校が成長してきましたが、語学学校大手のNOVAの倒産以降、市場が混乱しています。

　私は銀行員時代、GABA（現在はニチイ学館の連結子会社）の創業を手伝いました。1時間、1クラス6人程度の語学学校が当たり前の時代に、教員と1対1の授業というスタイルで成長しました。それまでのスタイルとマッチしない授業が提供され、支持されるようになったのです。このように、今までにないアイデアを生み出すことで、今後も伸びる市場だと思います。

ポイント：教育ビジネスは前払いが原則のため資金繰りがしやすい

問題点

　少子化の影響で就学人口は減少しており、社会人のニーズをどうやって取り込むのかが課題です。

❷ 統計学（データ処理）を扱う人材の育成
特徴

　社会人になると、会社の資料のほとんどが数字で作られていることに気付きます。客観性のある数字で市場や経済状態を見極め、その時点での業績と比較しながら経営方針を決定するためです。また、コンピュータ技術の進展によって、より多くの市場データや顧客情報を収集し、将来をシミュレーションすることもできるようになってきました。

　簡単な例では、地図に年齢・所得・居住者の情報、交通の流れ（人の動き）などを入力することで、その場所に出店した場合の売上や来店客数を予想できます。必要なのはデータを解析し、その背後にあるビジネス価値

を創出できる人、数理統計の分析スキルと経営・マーケティングスキルを併せ持つ人です。このような高度なデータ解析ができる人材は絶対に必要になります。

　しかし現実的には、これらの統計を処理できる人材が減少傾向にあるので、この分野には将来性があると思います。数字を扱う資格としては証券アナリストやアクチュアリー（保険数理人）がありますが、大量のデータ（ビックデータ）を分析し、そこから結果を導き出せる人材（データサイエンティスト）を育成するための起業などがあってもよいと思います。学習が進むとクライアントの仮想化ビジネスも可能になります。

ポイント：数字の大切さは、社会人である程度出世しないと実感できません

|問題点|

　数学の学習は積み重ねなので、簡単には人材を養成できません。

❸　知的財産権を扱う人材（弁護士・弁理士など）

|特徴|

　独創的な発想で新しいビジネスを始めたり、他では作れないような製品を開発したりしても、簡単にまねされては利益を得ることができません。また、ブランド戦略やキャラクター戦略に成功しても、簡単にコピーされてはたまりません。それらの知的財産権を守るためには、知的財産権を扱う人材が必要になります。技術と法律の双方を理解できる人材です。こうした知的財産権を扱う弁護士・弁理士試験は難関です。そこまでのレベルではなく、通常の業務をこなせる程度の教育・資格ビジネスに将来性があると思います。

　ご当地キャラクターや文字のデザイン、商品の工業デザインなどは大きな利益につながります。特許権の他にも、意匠権、商標権、著作権、種苗権など、知的財産権関連のビジネスが、今後も拡大することが見込めます。

　日本に EU 諸国から入ってくるブランド商品や工業デザインは素晴らし

いものが多いことに気が付くと思います。それだけ力を入れて研究しているので、日本も見習うことが必要です。

> 問題点

理系に強い人材に法律を教育することになるので、簡単にはいきません。これまで弁護士の数を増やす動きがありましたが、結局うまくいきませんでした。仕事と教育を結び付けることが難しかったからです。

❹ 会計を扱う人材（会計士、税理士など）

> 特徴

日本でも、世界の統一会計基準となる国際財務報告基準（IFRS）の採用がほぼ確実です。IFRSは根本的に日本基準とは大きく異なるので、この分野の人材が市場では必要になります。ただし、IFRSを先行して学習しようとすると、日本基準の知識も必要になります。はじめは大企業だけですが、順次中小企業にも降りてくると思います。

ポイント：国際財務報告基準（IFRS）は日本は後発です。導入が決まると急激に普及するのが日本の特徴です

> 問題点

イギリス発なので、資料が英語で書かれていることが多く、英語力が要求されます。

（9）国や地方公共団体の仕事の請負

国や地方公共団体が行っている仕事のすべてが非効率とは思いませんが、非効率な部分が多いのは事実です。規制緩和や民営化の流れに乗って、これらの仕事を民間で請け負うビジネスが考えられます。

米国では、小中学校をはじめ刑務所まで、民間企業がその業務運営を請け負い、実績を上げていますが、日本でもその動きが出ています。日本に98か所ある空港の民間委託の実現化が進んでいます。

第4章 役に立つ基本的な課題と参考事例

　公共団体ではあらかじめ決められた予算を消化することで仕事が進んでいくため、現場で簡単に方向転換できません。一方、民間企業は利益が出ないことはすぐに見直されます。赤字では会社の継続ができないからです。双方の良いところを組み合わせることによって、新しいビジネスが生まれます。事例としては、港湾・空港周辺の駐車場の運営や病院経営の民間委託が実績を上げています。

❶　岩手県葛巻町の事例
|特徴|

　岩手県の葛巻町の有名な事例を紹介します。町内外の酪農家から雌の子牛を預かり、生後3か月から分娩する2か月前までの約2年間育てる仕事を請け負います。預かった子牛を品評会で金賞を受賞するほどのブランド牛に仕上げることで、何もない過疎地に産業を起こしました。
　また、風が強い悪環境を逆手に取り、風力発電の風車や家畜の糞尿を使ったバイオマス発電装置を設置し、売電しています。何もない過疎地での起業として素晴らしい事例だと思います。

(10) NPO法人との連携

　地方公共団体でなくNPO法人（**特定非営利活動法人**）との連携も考えられますが、利益を目的としていない団体なので、簡単ではありません。私のベンチャーキャピタル出向中の経験では成功事例がありません。しかし、今まで難しかったことだからこそ、これからはそこがチャンスかもしれません。

❶ NPO法人の成長可能性
|特徴|

　日本でも、NPO法の成立で、NPO（Ｎo　Profit　Organization：

143

利益を目的としない組織）の活動が活発化してきました。米国では、大学生の就職先として人気ランキングに入いくつもNPO法人が入るほど人気です。これは、世の中の人のためになるということと、寄付を募るという高度なスキルを身に着けられる職業だからです。米国では、日本と異なり、収入も大手企業にそれほど劣りません。日本でも、東日本大震災を機に寄付行為が広く認知され、その活動の必要性が理解されるようになってきました。そうした活動で大きく利益を上げることはできませんが、世の中のためになっているということが人生に生きがいを与えてくれます。今後、NPO法人の起業が増えると予想されます。成功事例が米国など海外に存在しますので、全く新しいことをするわけではないですが、それでも、日本人の気質に合わせたビジネスモデルを構築する必要があります。

ポイント：会費制などの導入

<u>問題点</u>

　日本のNPO法人に勤める人の平均年収は約300万円程度で、決して高いものではありません。有能な人材を集めるには、NPO法人といえども、継続して収益を上げることができるビジネスモデルの構築が必須です。また、政府の補助金を当てにしていては経営が安定しません。事業の公益性を理解してもらい、会員を募り安定した会費を徴収できる体質と寄付を集める仕組みが大事になります。以下のNPO法人の海外事例をいくつか紹介します。

1. NPO法人が行う事業に賛同して会費を定期的に収めてくれる会員を募集することで、寄付や補助金に頼らない経営ができるようになり、長期的な計画が可能となり経営が安定します。寄付や補助金は資金使途が限定され、自由な経営ができません。自由資金を得ることで、優秀な人材を確保できます。優秀な人材を確保すると、その公益事業を広く認知してもらうことが可能になります。米国には、資金調達の専門家が存在します。その専門家が行う資金調達の手法の要点は、慈善イベント、富裕層の発掘、人脈、小口寄付者を大事にする姿勢です。

起業には資金が必要な点で、共通点が多いと思います。
2．バングラディシュでは、集団責任でのグループ農業へ無担保融資を行い成功しています。グループへ連帯責任を条件に、種子や肥料、農具を貸し出します。農作物の生産が安定し、一定上の収量が確保されると高値での販売が可能になります。その販売を引き受けることで、農民収入が2倍以上に上がるとともに、NPO法人の収入も安定しました。農家の収入が安定することで、NPO法人の本来の目的である貧困が原因の人身売買が大きく減少しました。

米国には、新興国のNPOに企業の若手従業員を派遣・仲介するビジネスが成長しています。派遣元企業は、将来の幹部候補生に、若手のうちに厳しい環境下での活動を経験させることができます。一方、現地のNPOは、大企業に勤務するような優秀な人材は常に不足しています。日本でも、従来は企業が独自の判断で、海外留学や現地法人への研修を行っていますが、企業戦略が新興国への商売に力を入れてきており、今後に期待できます。

(11) その他、様々な形のビジネス

これまで取り上げてきたビジネス領域以外にも様々な新しいビジネスが存在します。ここでは特徴的なものを事例として紹介します。

❶ 中古・リサイクルビジネス
特徴

昔からある古本屋や古着屋の現代版が、ブックオフや買取王国です。古いものは同じものでも、その扱い方によって汚れや黄ばみなどの状態が異なります。その異なる状態を画一的・効率的に処理し、経験者でなくても仕入をできるようにし、リサイクルを完成させました。

これとは逆の手法として、目利きができる人材を準備し、徹底的に商品を分別して利益を上げる方法もあります。事業から撤退する会社や倒産企

業からその設備を買い取ったり、それらを仲介したりするビジネスも盛んです。古くなったものや不要になったものを買い取るビジネスは昔からありますが、新しい発想で仕入や販売手法を考案すれば、ニュービジネスに生まれ変わります。

ポイント：仕入の安定化

|問題点|

　商品を仕入れたり、製造したりする場合は、計画的に行うことができますが、中古品などは経済情勢や商品の人気度によって、全く仕入ができなくなることがあります。

❷　都市鉱山の活用

|特徴|

　「都市鉱山」とは、都市からゴミとして大量に廃棄される家電製品などの中に存在する有用な資源を鉱山に見立てた言葉です。たとえば、日本では次々と携帯電話が発売され、まだ使える携帯電話が買い替えられ、捨てられています。近年の産業界では、レアメタル価格の暴騰などにより、廃棄された携帯電話やパソコンの部品から希少資源を回収する対策が盛んに進められています。携帯電話のゴミの山1トン当たりには、約280gの金が含まれているそうです。日本で採掘される最も品質の高い鉱山でも1トンから約60g程度の金しか採れないので、携帯電話のゴミの山は、まさに宝の山といえるでしょう。

　秋田県にある企業は、携帯電話などから金を取り出す製錬技術を持っています。小坂製錬株式会社（米国ビジネス誌「Fast Company」の世界14位にランクインしました）は、もとは銅の精錬業でした。今は、そのゴミの山を溶かして、金・銀・銅・プラチナといった金属を抽出するのが同社の主な仕事になっています。

　小坂製錬株式会社はもともと鉱山と一体化した製錬所で、「黒鉱」と呼ばれる様々な金属を含んだ鉱石の製錬を行ってきました。「黒鉱」は実に

厄介な鉱石で、銅鉱石としては金、銀、鉛、カドミウム、亜鉛といった不純物を多く含んでいます。世界のほとんどの銅鉱山は「単純鉱」で、銅以外の不純物があまり含まれていません。この厄介な「黒鉱」から不純物を取り除き、純度の高い銅鉱石を取り出し、わずかな金・銀のような貴金属を選別する高い技術を確立することとなったのです。その背景には、地域の産業衰退を避けるために秋田県が行った官民一体の活動があります。

ポイント：回収技術と廃棄物の回収ルートの確立

|問題点|

　廃棄物の回収の効率化は、古紙回収の事例を見ても、コストが想像以上に掛かります。

❸　アウトレット

|特徴|

　新しい販売スタイルとして成長しているのがアウトレットモールですが、これらのスタイルであっても閉鎖するところも出ており、単純にアウトレットモール事業が成功しているわけではありません。

　アウトレットモールは地方発展にも寄与しています。たとえば、栃木県佐野市は、佐野厄除け大師があるほかはこれといった観光資源もなく、年間観光客数は 200 万人程度でした。ところが 2003 年に佐野プレミアムアウトレットがオープンすると町は大きく変わり、観光客数が増加し、周辺の商店や高速道路のサービスエリアの売上が増えました。こうした成功から、この新しい販売スタイルが地方の産業振興に役立つと考え、誘致する地方公共団体が増えています。

　ただし、こうした誘致活動によるアウトレットモールの増加から競争相手が増え、本来の意味のアウトレット商品自体が不足するようになりました。他にも、来場客数維持のためにイベントや工夫が必要になってきました。たとえば、家族に付いて来場し、あまり買い物に興味のない男性が時間をつぶせる施設や、子供が安全に遊べる場所の提供です。アウトレット

専用の商品開発などの努力も必要になってきています（本来の目的とは違いますが）。

ポイント：集客能力の維持と継続性

問題点

既に店舗数が多いといえるでしょう。また規模の拡大で、アウトレット商品自体がなくなり、通常の販売商品やバーゲンとあまり変わらなくなっています。

❹　利便性による場所の選択：1,000円の理髪店

特徴

デパ地下や駅中などの場所で大きな変化が起きています。

デパ地下は、従来からある販売スタイルですが、中身の改革が進んでいます。主に売られている食品は、総菜、弁当、スイーツなどですが、その内容に工夫を凝らし、有名な店舗の独特な商品を集めることで存在感が増しています。また、地方名物の物産展や駅弁大会は集客力が大きいようです。

また、特定の場所をうまく利用するビジネスは成功する確率が高いといえます。たとえば、駅中（駅の改札の中）にある店が増え、駅の改札内はすっかり様変わりしています。

「駅中ビジネス」といわれますが、同様な場所もまだ他に見つけることが可能なのではないでしょうか。たとえば、駅中にある「キュービーネット」の散髪店は、カットのみで髭そりや洗髪はしませんが、早くて安いのが特徴で、改札内のトイレ近くに店を構えるのが重要といわれています。「トイレで用を足して、手を洗いながら鏡を見たときに頭髪が気になります。そんなときに1,000円カットの店があればつい入ってしまうという考え方なのです。起業するときには、場所だけでもかなり売上が違うことを知っておきましょう。

ポイント：従来から存在するビジネスでも、場所や時間を変えると新しくなる

> 問題点

どこがどんな商売に合うのか、場所を見つけるのが容易ではありません。

❺ 外国の良いものを日本風にアレンジするビジネス
> 特徴

諸外国で成功しているビジネスモデルをまねるだけですから、発想的には一番容易な起業です。現実には、同じビジネスモデルでも日本の習慣や日本人の好みに合わせることは難しいので、簡単なことではありませんが、前例が外国にあるので、成功する確率は高いといえるでしょう。

たとえば、米国で人気のサンドイッチのサブウェイが日本で開業した当初、全く売れないという時期がありました。それは米国のスタイルをそのままの形で輸入したからです。そこで野菜を増やし日本人向けの仕様にしたところ、売上が急増しました。前例があると、ノウハウ全体ではなくその一部の変更で済むので、比較的低コストで起業できます。今では日本に定着したセブンイレブンやタリーズコーヒーなどと同様です。

ポイント：海外のビジネスプランを、そのまま導入しただけでは失敗する可能性が高い

> 問題点

日本での販売権が、非常に高価な投資になります。

❻子供向け施設に関するビジネス：キッズ専用の就労体験施設
> 特徴

子供向けの就労体験施設が、非常に人気です。就学前から小学生程度（キッザニア東京は3歳から15歳まで）の児童を対象としており、主要な80職種について職業を模擬体験することができます。見るだけでなく、実際に模擬体験できるリアリティが人気の源泉になっています。メキシコ発のビジネスですが、各国の文化や生活環境に合わせて工夫がなされています。

> 問題点

　過去に、官主導で同様なサービスが提供したことがありましたが、まったく人気がなく閉鎖された経緯があります。子供相手といえども、実際の仕事に近い、現実を体験できる施設・仕組みと、細やかな指導・誘導が必要になります。

❼大企業とベンチャー企業の提携
> 特徴

　大企業の経営戦略の方針が変わりつつあります。自社内ですべて行っていた商品企画や製品コンセプトの戦略を、斬新なアイデアを求めて、ベンチャー企業や個人の起業家と行う協業で行うことが増えてきました。新しい新鮮なアイデアを求めるとともに、小回りの利く動きにより、製品化するまでの期間が劇的に短縮されます。日本製品の競争力が相対的に低下しているなか、この協業により新しい発想で作られた商品は、人気商品となっています。たとえば、大企業の建設業者、家電メーカーと新興のデザイン会社とが協力して作った家具の事例があります。家具は、家族の成長とともに、その利用方法が変わります。そこで、壁に移動可能な埋め込み式の枠組みを設置し、その中に家電製品や家具を組み込むことで、すっきりとした外観と、使いやすさ、さらに成長とともに変わるニーズに柔軟に合わせることが可能な商品が出来上がりました。従来にないイメージの居住スペースを構築でき、建物の拡販につながりました。同時に、家具やそれに合わせた家電の販売も好調です。この専用の家電には、価格競争が起きません。

> 問題点

　ベンチャー企業の能力を見極めることが大切です。優良な発想と行動力を併せ持つ、起業家を見つけ出すことは簡単ではありません。

第4章 役に立つ基本的な課題と参考事例

❽スポーツ用品
特徴
　スポーツ関連用品のメーカーは、ドイツのアディダス、プーマと米国のナイキが３大メーカーです。日本のミズノやアシックスなどが続きますが、競争は激しいです。商品開発力は当然必要ですが、それ以上に有名スポーツ選手に実際に使ってもらい、オリンピックなどで世間の目に触れることが売り上げの進展につながります。日本のスポーツ用品市場では、売上高全体の60％以上をゴルフ用品が占めます。年齢層が広く購入金額が大きいからです。ナイキがゴルフ用品に参入するときに、米国のタイガーウッズを広告に採用することで、一気にトップブランドのなることに成功しました。スポーツやアパレルの商品では、有名選手や有名人のスポーツ用品やウエアを作ることで、付加価値を生み出し大きな利益を上げている企業があります。パラリンピックでの義足製造、介護用品の発案などにも応用できる手法です。
問題点
　継続的に有名人を使うことは非常に難しいです。定番商品を継続的販売につなげていけるかが課題です。

❾小口融資
特徴
　インターネットを利用して資金の必要な人と運用したい人のマッチングをするサイトです。英国などでは一般的ですが、日本では法的な問題と、貸倒リスクの問題で発展しませんでした。東日本大震災以後、寄付という形で困っている人に資金を回そうという機運が盛り上がり、少しずつですが起業されています。一般的に、ソーシャルレンディングと呼ばれます。現在3社程度ですが、今後増加するでしょう。
問題点
　貸倒の防止策が難しいことです。上記3社の延滞率は10％を超えてい

るようです。このリスクは、サイト運用会社のリスクではなく、資金の出し手のリスクになります。数％の金利を稼ぐために、投資元本がなくなるリスクが10％を超えては、ビジネスとして成り立ちません。今後この貸し倒れや延滞をいかに少なくできるかが課題です。

(12) 失敗事例

ここでは起業に関する失敗事例を紹介していきます。どの事例も机上では成功すると考えていましたが、実際には市場で受け入れてもらえませんでした。

❶車の販売ルート革命
|特徴|

メーカーの異なる車を、大型家電量販店(ヤマダ電機、ビックカメラなど)のように一か所に集めて販売する会社です。顧客は、いろいろなメーカーの系列販売店を見て回る必要がないため利便性が増します。こうした販売形態は米国では一般的な販売形態なのですが、日本ではうまくいきませんでした。理由は、日本ではメーカーの力が圧倒的に強く、商品である車を仕入れることができないからです。こうしたことは外国車でも起きるようになり、以前は複数のメーカーの外国車を扱っていたヤナセから、メーカーごとに独立した販売網を構築することになりました。海外メーカーが日本の販売スタイルになっていったのです。
|問題点|

メーカーの力が強い分野では、商品自体を仕入れることができないことがあるという点について甘く考えていました。

❷中小零細業者の物流の効率化
特徴
　インターネットを使った、中小企業における物流の効率化は、多くの企業が失敗しています。これは、実際にトラックを動かす中小企業または個人に、パソコンから情報を取得する習慣がなかったことと加えて、現在の仕事を発注している会社との上下関係が背景にあると考えます。これらの理由を言い換えると、インターネットを導入するには時期尚早だったということです。事業者の年齢層が高く、昔からの義理人情を重視し、新しい物流形態の導入に消極的で、説得できないということがあるのです。しかし、インターネット環境は著しく変化しているので、今後は成功するかもしれません。たとえば、トラックの帰り便に荷物を積む権利の売買、中小零細業者のトラックの稼働状況をリアルタイムで表示など、その稼働率を上げるビジネスが考えられます。

問題点
　机上の上では成功するプランも、現場の実際の人間関係や働く人の年齢、そのスキルなどの調査不足がありました。

❸飲食業の味の問題（ラーメン店のチェーン展開に失敗）
特徴
　ラーメン屋のチェーン展開に失敗しました。食べ物の味は、その地域で微妙に変わります。特に、ラーメンは、水、気温、湿度などの外部環境で味が変わってしまいます。チェーン店に同じ味を期待してくる顧客に対して、その味が異なるということは失望につながります。いくつかの成功事例も見られるようになっていますが、背後にはかなり高度な品質管理ステムがあるようです。味に関しては、人は非常に敏感で、味か異なると顧客が急減します。

問題点
　飲食店でもチェーン店化に成功している企業が多数存在します。たとえ

ば、餃子の王将であれば、味が統一されているものは工場で一貫生産させる餃子のみです。その他については、メニューを含め、現場の店長に一任されています。また、ココ壱番カレー（壱番屋）は、カレーのルーを集中管理し、工場で冷凍して各店舗に配送しています。味に対しては、どの企業も十分な調査と、戦略が必要になります。

❹格安の住宅・リフォームの施工、販売
特徴
　住宅については、その価格と原価の間に大きな開きがあります。これは効率化が進んでいない現場で、大工が手作業で家を作る町の工務店と、工場で全体の95％を効率的に生産し、現地では組立のみを行うような大企業とが混在しているからです。大企業は、町の工務店価格に合わせた価格設定を標準とし、標準の約120㎡一戸建てで約2,000万円くらいです。このときにかかる実際の原材料の原価は約400万円といわれています。その原価に人件費や輸送費などが加算されます。他にも、市町村の指定業者のみが電気・電話・ガス・水道などの工事ができるといった仕組みがあるため、これらの工事についても非常に保守的で非効率となっています。

　上記のような価格差に目を付けたベンチャー企業がいくつも市場に参入しました。しかし、それらの企業も結果的に従来と同じ形の経営スタイルに落ち着いています。最終的に手作業が発生する現場で、なかなか職人が集まらないのです。

　一方リフォームの施工は、現場の状況がすべて異なるので、価格の標準化が難しくなります。これらの市場規模は大きく、起業家からみると期待できる市場です。

問題点
　市町村の指定業者という競争が発生しないスタイルに変更がない限り、非効率は続くので、安易な参入は難しいです。その中でタマホーム（株）

第4章　役に立つ基本的な課題と参考事例

がいろいろな抵抗に合いながらも成長しているようです。

2 ビジネスモデルのキーワード

　ここまでは、ビジネスプランについての参考事例を数多く見てきました。続いて、ビジネスモデルを構築するときのキーワードを見ていきましょう。既に紹介した事例や以下のキーワードをきっかけにして、左脳発想法と右脳発想法を駆使して、新しいビジネスプランを考えてみましょう。

(1) 売上を伸ばす

　売上を伸ばす方法としては、様々な方面からのアプローチがあります。ここでは、それらの方法についてキーワードとして紹介します。

① 「商品・サービスの価値」からのアプローチ
- 商品・サービスの質を向上させる
- オンリーワン（他に代替物がない）の優秀な商品を提供する
- 量が多い
- 新鮮である
- 安全である

② 「価格」からのアプローチ
- 販売価格が他よりも安い
- 送料などの配送費が他よりも安い
- キャンセルが利く
- 同一価格帯での品揃えが豊富
- 故障したときの修理が安価
- 保障期間が長い

155

- 決済方法が多い：クレジットカード決済、プリペイドカード、電子マネー
- ポイント付与がある：付与率、除外品、ポイントの種類

③ 「接客」からのアプローチ
- 商品が届くまでの時間が短い
- 多くの商品を比較検討しやすい
- 顧客への応対が丁寧・親切
- 商品について詳しい店員がいて、商品説明を詳細に行う
- 再注文がしやすい
- アフターサービスが良い
- 他店では嫌がられるような仕事でも引き受ける
- 接客に合った人材の育成が進んでいる

④ 「広告・宣伝」からのアプローチ
- 店舗や商品の広告・宣伝を行う
- 営業力を強化する
- 代理店を変更する
- 広告媒体を変更する
- 広告のターゲットを変更する
- ルートセールス網を構築する
- 人脈を強化する

⑤ 「市場調査」からのアプローチ
- 売上推移の調査・分析を行う
- 顧客アンケートを取る
- 販売時間帯をチェックする
- 顧客の年齢・性別・購入単価などの詳細データを解析する
- マクロでの経済環境を調べる
- 外国での状況を調べる

⑥ 「情報」からのアプローチ
- 仕入先からの情報の収集
- 同業者からの情報の収集

(2) コストを削減する

コストを削減するといっても、様々な方法があります。ここでは「コスト」ごとのアプローチについて、その方法をキーワードとして紹介します。

① 「仕入」からのアプローチ
- 仕入れルートの再確認
- リベート状況のチェック
- 配送費のチェック：運送業者ごとの価格、共同配送による単価引き下げ
- 梱包費のチェック：段ボールの値段、厚さ、緩衝材の選択
- 商品減耗率のチェック：どこで減耗しているか、賞味期限、消費期限での廃棄率など
- 在庫状況のチェック：長期在庫商品とその販売確率、売れ筋商品の欠品率
- 製造原価のチェック
- 製造工程の見直し

② 「営業費の削減」からのアプローチ
- 営業コストの見直し：時間管理、担当者の給料、移動費など
- 正社員をアルバイト、パートに変更
- 派遣従業員の推移
- 従業員などの募集経費の見直し

③ 「営業外経費の削減」からのアプローチ
- 販売費・一般管理費の見直し：事務員の数、有給休暇の取得状況、時間外手当の支給状況、消耗品などの消費状況、通信費・交通費・

光熱費の推移
　　・広告宣伝費の妥当性のチェック
　④ 「金融経費」からのアプローチ
　　・資金調達経費の見直し
　　・支払条件
　⑤ 「商品・サービスの変更」からのアプローチ
　　・商品の質を落とす
　　・量を減らす
　　・低価格な材料を混ぜる
　　・販売ルートを変更する
　　・海外での調達
　⑥ 「様々な調査」からのアプローチ
　　・同業者との比較
　　・隣接サービスとの比較
　　・代替物との比較

（3）ニーズに合わせる

　顧客には、商品に対するニーズ、店舗に対するニーズ、潜在的（隠れた）ニーズなど、様々なニーズが存在します。ここでは、それらのニーズについてキーワードを紹介します。
　① 「顧客ニーズの変動調査」からのアプローチ
　　・鮮度
　　・購入単価
　　・１回の購入量
　　・全体の消費量
　　・ウォンツリストの作成（品切れ状況の把握）

② 「顧客の消費状況調査」からのアプローチ
- 最大の販売価格帯はいくらか
- 商品の質と販売量との関係
- ブランドの指向度
- セール実施とその反応度
- 商品購入の動機と広告の効果

③ 「顧客の消費時間帯」からのアプローチ
- 売れる時間帯の在庫状況
- 消費時間帯と消費期限
- 賞味期限と廃棄

④ 「顧客への配送」からのアプローチ
- 宅配とコスト
- リピーターと配送の関係
- 送料の妥当性

⑤ 「顧客ターゲット調査」からのアプローチ
- 顧客ターゲットを誤っていないか（老人、主婦、若者、単身者、子供）
- リピーターが多いのか、それとも一見客（初めての客）が多いのか
- 現在の顧客ターゲットを拡大できないか

⑥ 「リピーターの調査」からのアプローチ
- リピーターがその店舗を選んでいる理由：近所、定番商品の購入、味、配送など
- その店舗は常連客を重視しているか

⑦ 「使い方を変える」というアプローチ
- 新しい使い方を募集する
- 消費者参加型のキャンペーンを行う
- 自社の持つ技術、サービスが他に転用可能か分析する

⑧ 「新しいものを取り入れる」というアプローチ
- 若い人からアイデアを集める

- ヒット商品を研究し、共通点を見つける
- 携帯電話、インターネット関連商品を調べる
- 外国の製品を調べる
- 時代を超えて売れている老舗の商品を調べる
- 新商品のアイデアやノウハウを公募する

⑨ 「組み合わせを変える」というアプローチ
- 既にある商品を効率良く組み合わせる
- よく使う商品を組み合わせる
- 別のジャンルのもので、利用時間帯が同じものを組み合わせる
- 使う場所、使う人、利用方法などに共通点があるものを組み合わせる
- 耐用年数の異なるものを組み合わせるときは、交換できる仕様にする

3 ビジネスプラン　参考事例

　ここまでは多くのビジネスプランを紹介し、ビジネスモデルを構築するときのキーワードについて見てきました。ここでは最後に、これまでのビジネスプランとキーワードを活かした発想についてのビジネスを具体的な事例で見ていきます。

（1）組織を変えて顧客ニーズを取り入れる

マツダの独自性のある車

　日本の物造りを復活させる、顧客ニーズを汲み取り、開発に直接つなげる組織作りが各業で始まっています。たとえば、自動車製造のマツダは、米国フォードの傘下に入り、生産工程を分業化し、コスト削減を図りました。しかし、その結果、組織間の連携や協調性がなくなり、独自性のある

開発が減少してしまいました。そこで、分業・規格の枠を超えて、一体となる組織に改編しました。効率化を図った分業を止めたのです。そうすると、将来展望のビジョンと現場感を持ち、研究開発をリードする開発者の意見がたくさん出始めました。開発と将来性を一体で考え始めたのです。分業でのコスト削減は確かに必要ですが、従来と違うこと、全く新しいことを開発・発案するときは、分業は有効に機能しないのです。

　富士重工の水平エンジン、マツダのロータリーエンジンは、走りを追求する一部のマニアには、絶対的な支持者がいます。その人たちをターゲットにすることで、利益が確保できるのです。トヨタなどの大手と同じことをやっていたのでは、ダメなのです。（現在はロータリーエンジンの新車販売は行っていません）

（2）コモディティー化を避ける

パナソニックの組織改編

　画期的な新製品を開発しても、デジタル部門では、部品を組み立てることは誰でもできるため、あっという間に価格が下がりました。デジタル革命です。部品さえ手に入れば誰でも作れるので、新興国が価格で優位に立ちます。これを商品のコモディティー化といいます。そこで、大量生産の原理が及ばない独自性のある市場を探す必要があります。すぐにまねされない市場に注視し、技術をもっと細分化した市場に投入することが有効と判断されました。大企業ではできない小さな会社としての製造を考えるのです。大企業にあって、小さな会社の融合体として機能する組織を作るのです。パナソニックは、組織を小さくし、顧客のニーズに近づき、直接向き合うことができる事業部制の復活導入を決めました。事業部ごと、つまり商品ごとに開発、製造、営業をこなすのです。縦割り組織で、二重投資となるリスクを排除するために、上部組織にそこをコントロールする仕組みを同時に組み込みました。効率化を図る目的で、事業部を統合したら、

開発が止まってしまったことを知ったからです。大きな組織では、顧客の細やかな要望に応えられなくなるのです。分業では、顧客に向き合うことができません。

　パナソニックのテレビの戦略で重視していたのは、高画質プラズマです。プラズマテレビは、市場では人気がなく売れないことに気が付くことに遅れました。市場は低価格の液晶を支持していいたにもかかわらず、プラズマからの撤退が遅れてしまいました。巨額の赤字を垂れ流してから、やっと気が付いたのです。効率化のための行き過ぎた分業体制や顧客との距離が離れすぎたことが要因です。

　ITプロダクツ事業部のパソコン（レッツノート）は、日本で製造され価格は高いのですが、販売が好調で利益をあげています。通常の衝撃では壊れない、かつ水に強いなどのビジネスニーズにマッチした商品開発が、ビジネスマンに支持されているからです。コモディティー化しない製品です。スピード感を持って対応できる、中小企業の連合体に似た形での事業部制に組織を戻したことで、活気を取り戻しつつあります。上部組織にカンパニー制を置くことで、組織に横串を通しています。このことで、同じものを重複して開発したり、研究したりする縦割りの弊害をなくし、調整する機能を持たせました。

　従来の組織を全く逆にする発想です。本社は投資会社で、事業部は疑似ベンチャー企業として活動する組織体を予定しています。大きく戦略を変更したのです。これは、市場のグローバル化に対応するといった市場に合わせた組織ではありません。グローバル市場が実は存在しないものであるととらえ、小さな市場に対応することで、一つ一つは小さくても、たくさんの支持を集めることで利益をあげるビジネスモデルに気が付いたのです。

（3）継続的に売上と利益を企業にもたらす

「京セラのアメーバ経営」

　京セラは、安定的な売上と利益を継続的にあげています。アメーバ経営が有効に機能しているのです。アメーバ経営の特徴は、部門ごとの独立採算で、環境に柔軟に対応するため人事異動が月2回あるということです。日々発表される数字を全員が知り、自らが参加するシステムです。自分で判断する力を磨くことで、常に一番良い形に変貌できます。官僚的な指示ではなく、現場から考える仕組みなのです。これが「アメーバ経営」と呼ばれる所以です。従業員全員に行き届いた確固たる経営哲学と精緻な部門別採算管理をベースとした経営手法です。京セラは、長期的な発展のために、正しい経営哲学を確立し、それを全社員と共有することを求めてきました。また、組織の末端に至るまでの経営実態を正確かつタイムリーに把握する管理会計制度が必要であると感じ、実践してきました。そのため、技術開発、製品開発、営業活動などすべての部門に、この経営哲学は及んでいます。具体的には、会社の組織を「アメーバ」と呼ばれる小集団に分け、社内からリーダーを選び、その小集団の経営を任せます。そうすると、そのリーダーは経営者意識を持つように育ちます。つまり共同経営者を多数育成したことと同様なことが組織に起きるのです。アメーバ経営では、各小集団（アメーバ）のリーダーが中心となって計画を立て、全員の知恵と努力により目標を達成していくことになります。うまくいかないと、リーダーが交代します。新リーダーが、他の小集団から移動してきます。チャンスは、何度もあります。そうすることで、現場の社員1人ひとりが主役となり、自主的に経営に参加する全員参加経営組織を実現しているのです。加えて、アメーバごとに経営内容がリアルタイムに把握できる、独創的で精緻な部門別採算管理の仕組みを構築しています。同時に、経営をガラス張りにし、経営データを開示することで、部門別の経営の実態が誰にでもわかるようにしました。さらに、アメーバ経営は経営哲学と一体になるように工夫さ

れています。すでに 300 社を超える企業が、京セラ関連会社のコンサルティングを受けながらアメーバ経営を導入し、業績を飛躍的に伸ばしています。

　ポイントは、リーダーを増やすこと、新製品を提案すること、既存の事業とぶつかっても諦めずに、調整する力を持つことです。試行錯誤により、自発的に気がつく瞬間を待つのです。現場主導のため、商品性を高める力が自動的に働きます。物づくりに、サービス分野を取り込んだ、現場からの経営なのです。

(4) 中小企業の技術を結びつける

「日本版のシリコンバレーを創造する」

　米国のシリコンバレーには、世界中から人が集結し、切磋琢磨しながら起業を目指しています。同様な試みとして、日本でもイノベーションを行う場所を提供する試みが始まっています。ベンチャー企業を集積し、それぞれの得意分野の知恵を持ち寄り、成長の時間を節約することが行われています。三菱地所が運営する東京丸の内の日本創生ビレッジなどが有名で、成長の可能性があるベンチャー企業にオフィススペースを提供しています。目的は、製造業とサービス業の融合など、複数の異なる方向性のベンチャー起業が集積することで、まったく新しいビジネスモデルの完成を期待することです。同様な試みは、上海、シンガポール、香港などでも行われており、起業家の集積はとても大切なことです。メイド　イン　ジャパンのベンチャー企業を集積することで、新しし日本を作る原動力となります。

　各地に、中小企業の連携システムができ始めています。大企業からの依頼や中小企業の連携で、新しい製品を開発する仕組みです。中小企業の技術が集積することで提携し、単独ではできない製品を生み出します。たとえば、極小のメカニズムや充電電池の発熱を抑える仕組みなどを設計段階から大企業と提携することが既に行われています。海外メーカーと共同開

発する中小企業グループもあります。課題を解決する力が、中小企業の連携で大きくレベルアップすることで可能になるのです。

第5章
起業資金と運転資金

1 起業資金の調達

　起業を行う際には、事業の内容や規模によって多少異なりますが、多額の資金が必要となります。それらの資金について、どのように調達していくのか、また調達するときに考えなければならないポイントとしてどのようなものがあるのかを見ていきます。

(1) 起業に必要な資金の調達方法

　資金の調達方法として、代表的なものに以下の5つがあります。それぞれについて細かく解説していきます。

❶ 自己資金

　起業には最低でも数百万円の資金が必要になります。自宅でお金をかけないで始めることもできますが、こうした方法では成功する確率は非常に低くなります。競争がある中での起業の場合、基本的に需要がある場所に事務所を設置した方が効率的です。また、個人と会社をはっきりと分けて考える必要があるので、営業の拠点は必要になります。

　事務所を借りるには、最低でも月額賃貸料の半年分ほどの保証金がいります。都心部では2年分の家賃が保証金として必要になるケースもあります。たとえば、家賃が月10万円であっても、保証金として60万円（ここでは6か月分とします）、仲介手数料として10万円（ここでは家賃1か月分とします）と、合計で80万円ほどかかる計算になります。その他にも、簡単な改装や最低限の設備（電話、ファックス、パソコンなど）を揃えると、個人経営の最低限の準備でも約300万円はかかる見積もりになります。

　「自宅でインターネットだけで始められる」といった起業を呼びかける

広告・宣伝の誘い文句もありますが、真に受けずに、現実的に考えた方が無難です。もちろん業種にもよるのですが、実際はそれほど甘いものではありません。

　株式会社は出資金1円でも設立できますが、実際には数百万円の自己資金が必要です。この資金は自己資金として自分で作りましょう。起業を考えている業種や近い職種の仕事について、起業の準備をすることが一番の近道になります。同一業種ではありませんが金融機関に勤務すると、社会一般の企業での資金の流れを理解することができます。

❷　親族、知人、友人からの資金提供

　資本主義社会の資本への投資は、基本的に返ってこないリスクの大きい投資資金です。資本主義制度の投資回収の方法は、投資した会社の株式の値上がり益（売却することによるキャピタルゲイン）と株式への利益配当のみです。資本と経営の分離という大原則と、一旦投資した資金は株式の譲渡以外では回収できないことを十分理解することが必要です。

　したがって、このことを理解している人からのみ投資を受けましょう。それ以外で投資を受けていい場合は、祖父母や両親からの贈与（初めから返ってくるとは考えていません）するつもりでの資金提供です。大事なことは、親族・知人・友人から資金提供を受け、起業に失敗すると、資金よりも大切な人間関係を失う可能性があるということです。もちろん、失敗しても文句を言わない人たちもいますが、それでも何らかの我慢をしていると考え、はじめから無理な資金提供は受けないことが大切です。

❸　ベンチャーキャピタルからの資金

　ベンチャーキャピタル（Venture Capital、以下：VC）とは、ハイリターンを狙って積極的な投資を行う投資会社（自己投資および投資ファンドを作る）のことです。主として、高い成長率が期待できる成長企業に対して、株式を取得する形で投資を行います。

私も銀行から出向する形で、数年間VCに勤務していました。VCは、資金を出資すると同時に、成長を助けるために経営コンサルティングを行います。新しい取引先（販売先）を紹介したり、相乗効果が認められる経営者を引き合わせたりします。それらの行動は投資先企業の価値向上を図るためです。担当者が取締役に就任し、役員会などにも参加し、経営陣に対して多岐にわたる指導を行うこともよくあります。日本では、大手金融機関の出資を受けた会社が主なVCとなっています。もちろん、独立系の会社も存在し、米国では、多くの人脈と資金調達ルートを持つ個人のベンチャーキャピタリストが活躍することが多いようです。

　VCの株式投資の資金回収手段は大きく分けて2通りあります。1つ目は、出資した会社の株式を株式上場させて市場で売却することでキャピタルゲイン（値上がり益）を得ます。2つ目は、出資した会社の価値を引き上げてから、会社の売却先を探して、投資して取得した株式を現金化します。こうした投資を「バイアウト投資」と呼び、これはいわゆる「買収ファンド」のことです。

　また、安定した収入源として、VCは自己投資もしますが、リスクを抑えるために投資ファンドを作り、そのファンドの運用報酬を収益源としています。私の勤務していたVCでは、株式上場まで成長する投資成功確率は約15％程度でした。私が所属していた銀行系VCでは、銀行本体から財務情報や人的情報が十分に得られる状況でしたが、株式売却までこぎつけ、現金化できるまで成長させることは難しいのです。それでも、成功すると投資金額の5倍から10倍、もしくはそれ以上のリターンを得られるので、経営としては成り立ちます。これは、こうした投資が当初からハイリスク・ハイリターンであることが分かっているので問題がないのです。普通株式の引き受けが基本的な投資手法ですが、時には新株予約権付き社債（いわゆる転換社債）や様々な設計の種類株などの引き受けも行います。ベンチャー企業に対し、資金調達手段をいろいろとアドバイスし、成長に合わせて適切な時期に、必要な金額が調達できる資本政策を作成し提案し

ていきます。

❹ベンチャーキャピタルの投資ファンド

　もう少し詳しくベンチャーキャピタルの投資の仕組みを見ていきましょう。起業家の資金調達としては最良の方法です。資金以外の支援も期待できます。

　ベンチャーキャピタルは、高い成長性が見込まれる未上場企業に対し、成長のための資金を株式投資（エクイティ）の形で提供します。通常、ベンチャーキャピタルによる投資は、金融機関や機関投資家などから運用委託された資金を基に組成した**投資事業組合（投資ファンド）**を通じて行われます。この投資資金の出所は、個人投資家の資金から、大手上場企業の投資資金まで、多種多様なものです。ベンチャーキャピタル本体での投資もありますがまれです。

　ベンチャーキャピタルは、投資に際し、投資対象企業に対して綿密なデューデリジェンス(企業調査)を行い、その会社の将来性を専門家（ベンチャーキャピタリストと呼ばれます）が判断します。投資後は、資金面だけでなく、人材の獲得、販売先・提携先の紹介などを通じて経営を支援します。ベンチャーキャピタルの目的は、配当収入と投資先企業の企業価値を高めて、その株式を売却（主に株式上場とM&Aによります）することでキャピタルゲインを得ることす。その運用実績がよければ、次の投資ファンドを集めやすくなります。そうした一連の流れにより継続的なベンチャー企業支援が可能になります。

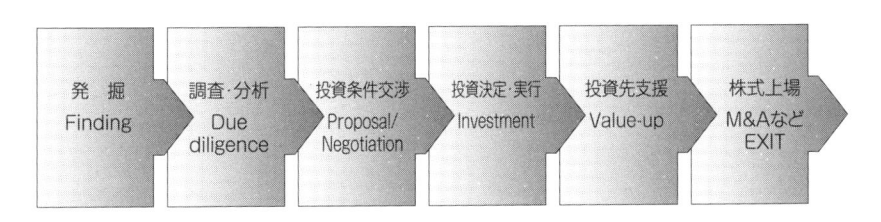

| 発掘 Finding | 調査・分析 Due diligence | 投資条件交渉 Proposal/ Negotiation | 投資決定・実行 Investment | 投資先支援 Value-up | 株式上場 M&Aなど EXIT |

　投資ファンドは、各証券会社が十分にリスクを投資家に説明することで、

投資信託としての販売が可能です。この商品は、投資資金の何倍になることもありますが、ほとんど紙切れ同然にまでに価格が下落することもある商品です。

　米国には、個人のベンチャーキャピタリストが多数存在しますが、日本では大手金融機関の流れを汲むベンチャーキャピタルがほとんどです。そのため、母体の金融機関の幅広いネットワークを使える強みがあります。米国のインテル、マイクロソフト、アップルコンピュータといった有名企業は、1970年台の設立間もない頃にベンチャーキャピタルからの資金を受けて成長しました。

❺投資事業組合

　一般的に、ベンチャーキャピタルからの投資は、投資事業組合を通して行われます。最大の理由は、二重課税を避けることにあります。投資事業組合とは、投資家（組合員）から資金を集めて、投資事業有限責任組合と作り、そこからベンチャー企業に出資の形で投資します。ベンチャーキャピタルの中に複数の投資事業組合が組成され、そこを通して起業家が起こした会社に対して、資本として資金提供されるのです。1998年11月に中小企業等投資事業有限責任組合契約に関する法律（ファンド法）が施行され、民法の特則が設けられてから起業家への資金支援の中心的な存在になっています。この際、投資者保護の観点から、金融商品取引法（当時は証券取引法）による規制を受けます。現在は「投資事業有限責任組合契約に関する法律」となっています。この法律に基づき作られた投資事業有限責任組合においては、無限の責任を負う無限責任組合員及び有限責任組合員からなり（第2条2項）、出資者は、有限責任組合員になることにより出資金の価格を限度とする有限責任（第9条2項）を負うのみとなります。設立の条件としては、組合の名称中に「投資事業有限責任組合」の文字を使用し（第5条）、登記（第4条）を行うこと、財務諸表等の備え付け及び閲覧等を行うこと（第8条）などが定められています。

第5章　起業資金と運転資金

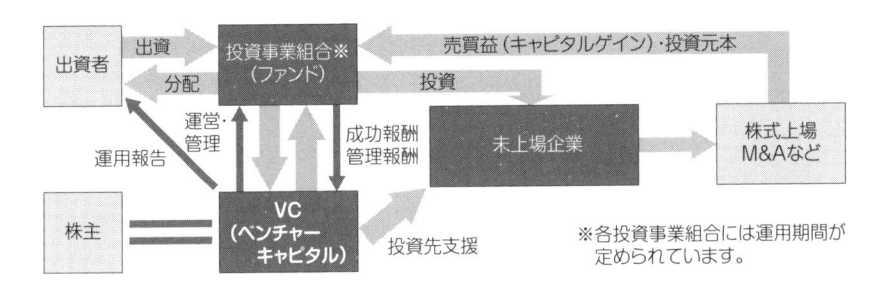

❻　銀行などの民間金融機関

　銀行は、話は聞いてくれますが、私が勤務していた頃の経験からいえば、ほとんど貸してくれません。これは当たり前のことで、一般の金融機関は、リスクマネーを取り扱わないからです。そのためにVCを別法人という形で設立していると理解しましょう。

　銀行から融資を受けるには、最低でも2年間の決算書が必要です。言い換えると、起業後2年間経過し、一定の利益が出る体制を整えない限り、銀行融資は受けられないのです。

　また、中小企業で融資を受けているところのほとんどが、保証協会の保証付き融資です。保証協会は銀行の中小企業融資のリスクを軽減するための組織で、銀行はここから保証を受ける形で融資をします（銀行のリスクはほとんどなくなります）。保証協会の保証条件をクリアすれば、融資を受けられることになります。

❼　日本政策金融公庫

　政府系の金融機関です。新規開業資金の融資を制度的に行っています。詳しい説明は、日本政策金融公庫のホームページを見てください。業種や資金使途などで、融資条件や上限が異なります。たくさんの起業家が、この融資制度を使っています。融資金額は大きくありませんが、起業当初の資金繰りには、大いに役に立つと思います。

(2) VCとクラウドファンディングの特徴

❶ 大手VC

　日本のVCは、大手銀行や証券会社などの関連会社が主で、その他にも事業会社系、商社系、通信系、政府系、独立系、外資系などのVCが存在します。VCの社会的役割はとても大きいのですが、米国のような個人のベンチャーキャピタリストはほとんど存在しません。また、業界としての組織化も遅れていて、2002年11月に日本ベンチャーキャピタル協会（JVCA）が設立されていますが、その活動には限界があるようです。

　そうした状況であっても、各VCに所属する担当者は横のつながりを重視し、情報交換を頻繁に行っています。投資担当者は、それぞれ専門分野を持っていますが、投資対象企業は多岐にわたるため、時間の制約があり、すべてを調査しきれません。そこで、横のつながりで情報交換することでリスクを減らすのです。投資する際にも、何社かで協力し、全体として必要な資金が集まるように努力しています。

　VCから投資を受けようとする場合には、一般的に数社のVCから投資を受ける形になるので、起業家は、そのつもりで説明会の開催や資料作成をしなければなりません。多数のVCから投資を受けると、そのVCから様々な支援を受けられるので、プラスに働くことが多いのです。しかし、VCは安定株主ではなく、VCが保有する株式は上場後、必ず証券市場で売却される株式であることを忘れてはいけません。

　また、投資ファンドの期間は最長でも10年なので、少なくとも5年くらいで株式公開できるような成長戦略と具体的な行動計画が起業家に求められます。

❷ クラウドファンディング

　インターネットを使って、比較的小口な資金を集める手法のことです。米国では、ベンチャー企業の支援のために急速に伸びている手法です。た

だし、起業家を装い、資金調達して雲隠れする悪質な詐欺師も多いため注意が必要です。日本でも、政府（金融庁）は、ベンチャー企業の支援のために、新制度創設のための法整備を進めています。成長分野への資金供給を促すことは、日本経済全体にとっても、成長を加速する新たな道を作ることになるので、非常に重要なことです。まだ現在進行形ですが、これからの起業においては、重要な資金調達ルートになると考えます。金融庁は金融商品取引法の改正をにらんだ検討作業に着手しており、２０１３年度後半の実現を目指しています。

　金融庁が検討している「クラウドファンディング」は、現行制度を大きく変えて、一定の条件を満たせば証券会社以外にも未公開株の取引仲介を認めて、資金の動きを活性化させようとするものです。現行制度は、上場株よりも情報開示が劣る未公開株について、募集や販売を厳しく制限しています。原則として証券会社は、日本証券業協会が運営する未公開株取引制度（グリーンシート）の銘柄のみに取り扱いを限定され、それ以外の未公開株式を広く一般投資家に株式を売ることができません。また、証券会社以外の金融商品取引業者は未公開株を取り扱えないことになっています。

　金融庁はベンチャーに資金が流れる新たな経路が必要と判断しています。そこで、インターネットを介して少額投資を集めるクラウドファンディングの形式を取れば、証券会社や証券以外の会社でも、未公開株を仲介できるように制度に改正される予定です。投資家の保護や悪質業者の排除をしなければならないので、サイトを運営する事業者を絞り込みます。そして、ベンチャー企業に使いやすくするため、現在よりも情報開示義務も緩める考えです。

　クラウドファンディングは、米国でベンチャー企業の資金調達手段として急拡大していることは既に述べました。その２０１１年の市場規模は約1,200億円です。これは米国以外からの投資を含んだ世界からの金額です。日本のベンチャーキャピタルの投資額全体は1,240億円なので、クラウドファンディングだけでそれに匹敵する規模になっています。日本で

は、東日本大震災をきっかけに寄付を募る形で、クラウドファンディングが浸透してきました。現在の形は、あくまで寄付なので見返りをまったく要求しない善意の集まりです。金融庁は、この流れが投資の見返りを要求する形の一般的な投資型のクラウドファンディングに成長する余地が大きいと考えているのです。参入業者には自主規制機関などで厳しい審査要件を設ける方針です。詐欺など悪質な行為を封じるのが目的です。悪質な起業家が現れる可能性も高いので、トラブル波及に歯止めをかけ、リスクを抑えるために、投資家ごとに年間投資額の上限を設けることが予想されます。そして、新興企業が株式市場に上場する要件を一部緩めることも検討対象になると思います。出口を広くすることで、投資を誘導しやすくなります。2012年の日本の新規株式公開（IPO）は50社弱で2007年の半分以下に落ち込んでいます。起業に関しては、この資金のパイプを太くすることが何よりも大切なことなのです。

（3）自己資金をためる

　ここまでは、起業において資金を集めることの大切さや難しさを見てきました。起業資金については、日本政策金融公庫以外から融資という形で借りることはほぼ不可能です。また、日本政策金融公庫の融資にそれほど大きな期待をしても、上限金額が設定されていますし、はじめから大きな資金を融資してくれることはありません。起業後の業績により、融資スタンスは大きく変わります。起業後2年間を無事経過し、継続的な利益が出る体制が整えば、次のステップの保証協会付き銀行融資にたどり着きます。そこまでの資金を準備することが大切です。

　VCや新しい形態のクラウドファンディングから資金提供を受けることも可能ですが、そのためにはかなり精緻な事業計画書とその計画を裏付けるための技術・ノウハウや人脈が必要になります。こう書くと簡単そうに感じますが、これはなかなかうまくいくものではないのです。常識的な起

業としては、保証協会付きの銀行融資を受けるための体制が整うまでの資金を自己資金で賄うことが一番安全です。

　せっかく良いアイデアを思い付いても、それから自己資金をためていては時機を逸してしまいます。しかし、そこは焦らず、十分な準備をしてから起業することを勧めます。

　そのためには、自分が創業を予定している業種や職種の中に身を置いて、実際に現場を体験しながら起業資金をためることが近道になります。その勤務の間に、将来にわたって必要となる人脈も形成されます。事例のところでいくつか紹介しましたが、実際に起業を後押しする形で、優秀な人材を育成し、その力を借りて自らの会社を成長させる形態を取る企業はたくさん存在します。フランチャイズ展開する会社や、事業に必須の原材料を提供する会社がこれに当たります。将来の起業準備として、これらの形態の企業に就職することも1つの手段になります。また、広く強い人脈を作るには、その業種を代表する大手企業に就職したり、それらの大手企業と常に接している商社や金融機関に就職することも選択肢になると思います。

　起業までにためなければならない自己資金の金額は、取引形態（売上代金の回収方法、仕入代金の支払方法、在庫の有無など）や商品・サービス単価により異なるので、後述する資金計画のところを参照してほしいのですが、一般的に見ると、最低でも数百万円単位の資金は必要です。それらを簡単に例示してみます。

　仕入れは現金で行い、売上高が月100万円（代金回収まで2か月で、100万円×2倍＝200万円）、在庫を1か月分（原価50％で50万円）と、250万円の運転資金がいります。売上が少なくても、通常の生活費と比較にならないくらいの大きな資金が必要なのです。代金先払いの習慣のある旅行業界や教育業界では、運転資金は比較的少なく済みます。

(4) 生活費を確保する

　起業の成功を確信していても、実際の経営が軌道に乗るまでには時間がかかるものです。一方で、起業に時間がかかっている間も自分や家族の生活は続いており、そのためのお金もかかります。自分や家族の生活費が月単位でいくらかかるのか、その他の突然の出費などもある程度考え、それらを事前に準備しておく必要があります。自分自身の生活も成り立たなくなるような起業は無謀というものです。しっかりと事前に計画を立てておきましょう。

　起業前から、起業資金の他に生活費を2年分程度は用意することが大切です。売上が上がっても、実際に現金として使える状態になるまで（売掛期間が終わるまで）数か月かかることは当初から見通せます。その間は当然ながら運転資金が必要であり、それ以外に自分の生活費も必要です。十分に計画しておきましょう。

　縁起でもない話ですが、起業が失敗すると会社は倒産します。私も銀行員時代、倒産を何度も見てきました。倒産は苦しいものですが、日本の法律では、最悪の事態を救済するための制度として自己破産という方法があります。金融機関や取引先からの借り入れやその債務保証などで大きな負債を負っても、これらをリセットしてゼロにできる法的な手続きです。最後まで追い詰められる前に自分の限界を知っておくことが大切になります。

2 資金計画を立てる

(1) 資金計画に欠かせない知識

　資金計画を立てたとしても、実際の売上は異なりますし、取引先によっ

ても販売・支払条件は違うため計画とは異なってしまいます。それでも経営者は、どのくらいの資金がいるのかを概算で計算し、事前に準備しておく必要があります。こうした資金繰りの計算は、計算が苦手の人には少し辛いですが、資金が不足することがないように準備するためには避けて通れないものです。

　実務的には、パソコンを使って毎日のデータを入力すれば必要な資料を得られるようになるので、それほど知識がなくても大丈夫なのですが、その計算の方法や内容を知らないと、先を読んだ経営ができません。また、あってはならないことですが、従業員の不正や経済環境の大きな流れに気付くのに遅れてしまいます。起業を志す人は、売上が順調に伸びても、売上の拡大による会社の運転資金の増加に苦労し、資金繰りに困ることも多いので、しっかりと理解できるまで学びましょう。

　資金計画の立案には、まず簿記の基本知識が必要です。さらに、会計についての基本用語が分からない場合なども、簿記の基本書を読むことを勧めます。簿記の知識は、起業を志す人にとっては必須です。簿記の知識の習得が進んだ後では、すべてをつないで考えられるようになるのですが、これから説明する「所要運転資金の計算」「損益分岐点の計算」「損益計算書上の利益」の３項目はそれぞれ違うものと考えてください。以下で、それぞれを簡単に説明しますので覚えておきましょう。

- 所要運転資金は、現金の流れを追います。損益計算書上の売上は、売掛金となっている間は、現金は入ってこないので、資金繰りには使えません。異なる概念が必要なのです。
- 損益分岐点は、費用を固定費と変動費に分解して、固定費を賄う利益を出すにはいくらの売上が必要かを計算します。固定費や変動費を算出するには、損益計算書の費用区分と異なる区分にしなければなりません。
- 損益計算書上の利益は、一定期間（たとえば１年間）の売上と費用などを集計して算出するものです。損益計算書からは、簡単には現

金の動きは見えてきません。一定期間での利益を計算します。

基本的に、これら3つはつながっていますが、まずは理解を早めるために、項目ごとの計算を行って慣れることが大切です。

起業を志す人は、はじめに必要な設備を購入し、人員を確保しなければなりません。この最低限の設備や人件費が固定費になります。そして固定費を負担するには、いくらの売上が必要かを計算し、月次、日時、場合によっては時間単位で売上の見込みを立てます。次に、その売上を上げるためには、いくらの運転資金が必要なのかを計算し、準備しなければなりません。さらに一定期間が経過したら、売上と費用の状態を表すために損益計算書を作ります。そして、期末時点の資産と負債を一覧にした貸借対照表も作ります。これが一連の流れです。

たとえば、自分1人でラーメン店を始めるとします。家賃が350万円／年（カウンター5席のみ）、厨房設備の使用料が100万円／年、人件費（生活費）が120万円／年、光熱費は30万円／年とします。1年間で固定費は600万円（350+100+120+30）かかります。

固定費は、売上高に関係なくかかる費用のことです。月50万円の利益が出れば、50万円×12か月＝600万円で、儲けもないですが、損も出ません。会社はつぶれません。

原価率を20％とすると、毎月50万円÷（1－20％）＝62.5万円の売上が必要になります。月62.5万円の売上を上げるには、月25日働いて1日2.5万円の売上が必要です。5座席で割ると、1座席当たり5,000円の売上が必要です。ラーメン1杯が500円とすると10杯分です。

ここまでくるとイメージが湧いてきます。昼時に1座席当たり5回転、夕方以降に5回転すれば、店舗として継続できることが分かります。売上は現金回収なので資金繰りに困ることはありません。このようなことを先に算出して計画を練っていくのです。実際は、もっと精緻に、いろいろな状況を組み込んで、いくつかのパターンを作ります。そこで必要になる

第5章　起業資金と運転資金

のが資金計画の考え方です。

❶ 運転資金の計算

まず、はじめに運転資金の計算について簡単に説明します。

運転資金の基本的な算出式は以下の通りです。この後で、売上債権、棚卸資産や買入債務の算出方法を学び、運転資金を計算するのです。

　所要運転資金＝売上債権（売掛金＋受取手形）＋棚卸資産－買入債務（買掛金＋支払手形）

❷ 貸借対照表上の残高方式による所要運転資金の計算式

毎日残高が変動する勘定科目を貸借対照表（B/S）上の残高で計算するので、実際の金額とは必ずズレが生じます。そのズレは、休日や平日、季節や天候によっても変わります。貸借対照表はあくまで、ある一時点での残高なので、場合によって、恣意的または一時的に残高が増減することがよくあります。そこで平均月商で計算する方法が用いられます。売上債権（売掛金、受取手形）、買入債務（買掛金、支払手形）の計算手法を覚えましょう。

　所要運転資金＝売上債権＋棚卸資産－買入債務
　売上債権
　　受取手形残高＝平均月商×手形回収率×受取手形サイト
　　売掛金残高＝平均月商×平均売掛サイト
　棚卸資産
　　商品残高＝平均月商×売上原価率×商品在庫期間
　買入債務
　　支払手形残高＝平均月商×売上原価率×手形支払率×手形支払サイト
　　買掛金残高＝平均月商×売上原価率×平均買掛サイト

売上債権は、売上金そのままの金額で計算しますが、棚卸資産、買入債務は売上原価で計算することに注意しましょう。また、現金決済の場合に

は、サイトが「0」になるので、立替は発生しません。当然のことですが、売上時には、現金、売掛金、受取手形の混在状態で回収するので、計算はあくまでも平均値で行うことになります。

　棚卸資産と買入債務も同様です。通常、起業時には信用がありませんので、掛け売りで仕入れることは難しいのです。また、銀行が手形を発行してくれることもまずないので、支払いを手形にすることもできません。起業後1年以上経過し、継続取引によりある程度の信用力が付いてから、これらは順次可能になります。

　平均滞留期間（平均サイト）の計算方法を説明しましょう。たとえば、「25日締め月末払い」の場合を考えます。26日に売り上げた場合、翌月の25日が締め日になります。1か月を30日で計算すると、最長の34日後に支払いを受けます。25日に売り上げた場合は、当日が締め日ですから、5日後に支払いを受けます。(34＋5)÷2＝19.5日が売掛期間になります。

　1年を360日、月を30日で計算したり、月単位で計算したりすることもよくあります。なぜなら、様々な諸条件により細部は変わるので、細かい計算よりも概算値が重要だからです。

　正常運転資金所要額（通常の所要運転資金）＝平均月商×売上債権回転期間＋平均月商×売上原価率×棚卸資産回転期間－平均月商×売上原価率×買入債務回転期間

　増加運転資金所要額（売上伸長時）＝月商増加分×売上債権回転期間＋月商増加分×売上原価率×棚卸資産回転期間－月商増加分×売上原価率×買入債務回転期間

　不足運転資金所要額＝平均月商×売上債権回転期間延長分＋平均月商×売上原価率×棚卸資産回転期間延長分－平均月商×売上原価率×買入債務回転期間延長分

❸ 回転期間方式

① 回転率から計算する

所要運転資金を回転期間（売掛金回転率）を基に計算する方法です。

たとえば、売上高 12,000 万円、売掛金回転期間 3 か月（90 日）ならば、

売掛金回転率＝年間 360 日÷平均売掛金回転期間 90 日＝4 回

ここでは計算しやすいように、1 年を 360 日で計算しています。

売上高 12,000 万円÷売掛金回転率 4 回＝売掛金 3,000 万円

同様に在庫回転期間 1 か月（30 日）、原価率 50％なら、

在庫回転率＝360 日÷ 30 日＝12 回

12,000 万円×原価率 50％÷ 12 回＝500 万円

商品在庫は 500 万円になります。同様に、買掛金回転期間 2 か月（60 日）、原価率 50％とすると、

買掛金回転率＝360 日÷ 60 日＝6 回

買掛金残高＝12,000 万円× 50％÷ 6 回＝1,000 万円

所要運転資金＝3,000＋500 － 1,000＝2,500 万円

② 月商残高から計算する

所要運転資金を同じ条件で、月商残高から計算すると次のようになります。

12,000 万円÷ 12 か月× 3 か月＋12,000 万円÷ 12 か月× 50％× 1 か月－ 12,000 万円÷ 12 か月× 50％× 2 か月

＝3,000＋500 － 1,000＝2,500 万円

当然ですが、年商からの回転率で計算した、

12,000 万円÷ 4 回＋12,000 万円× 50％÷ 12 回－ 12,000 万円× 50％÷ 6 回＝2,500 万円

3,000＋500 － 1,000＝2,500 万円と同じになります。

このように所要運転資金は、残高からでも、回転率からでも計算できます。

以上のことを実際の販売・仕入に合わせてみます。商品を掛け売りで販売すると、代金の回収までに時間がかかり、この期間が長いほど運転資金が必要になります。たとえば、ネット販売などで現金振り込みによる先払いの場合は運転資金の負担はありません。一方、楽天やAmazonなどのネット上の店舗を利用する場合は、ネット店舗が用意しているクレジット決済などが使えますが、ほとんどの場合締め日が決まっており、後日1か月分の売上代金がまとめて振り込まれる形になりますので、現金商売とはいえず、運転資金が必要となります。

　次に在庫資金についてです。商品などの在庫を持たないと、顧客に実際の商品を見せて売ることができません。そこで、売れるだろうと予測した商品を先に調達して店舗に並べます。そのときの商品代金が在庫資金です。

　このときの在庫資金は販売価格ではなく、あくまで原価です。ネット販売のように、商品の写真をネット上に掲載し、注文が来てから仕入れるのであれば、在庫資金はかかりません。そして、仕入代金の支払方法が掛け払いの場合、買掛金となり後払いとなります。この後払いの期間が長いほど、代金として支払うべき資金を別の用途で使うことができます。

　これらの流れをまとめると、売上債権＋棚卸資産－買入債務が所要運転資金になるわけです。繰り返すと、計算式は以下の通りです。

運転資金所要額（収支ズレにより発生）＝平均月商×売掛債権回転期間＋平均月商の原価×棚卸資産回転期間－平均月商の原価×買入債務回転期間

　貸借対照表では、売掛債権は売掛金と受取手形です。棚卸資産は在庫商品です。買入債務は買掛金と支払手形です。現金取引ならば収支ズレは発生しません。これを整理すると、次のようになります。

①　**売掛債権＋棚卸資産＜買入債務**

　早く現金が回収できて、支払いはその回収資金を使えるパターンです。つまり、現金商売の場合です。現金商売では仕入は買掛で行い、売上は現金なので、運転資金は必要ありません。主に個人相手の店頭販売のみ

の場合や飲食業がこのケースに該当します。また、法人相手でも代金を前払いする習慣がある旅行業や教育産業では、運転資金を必要としません。

② 売掛債権＋棚卸資産＞買入債務

通常、法人同士の販売は、このケースがほとんどです。買掛期間の方が短いことが多いので、この場合は運転資金が必要になります。ただし、不足分を、自己資本や借入金以外の負債で賄っている場合は、外部からの資金調達は必要ありません。

貸借対照表上の残高で表示すると次の式になりますが、残高は、月末などに締めてみないと分からないことに注意しましょう。

③ 正味運転資金＝流動資産－流動負債

この差額部分を自己資金で賄います。自己資金とは、返済の必要のない資金のことです。通常、資本金や過去の収益がこれに当たります。

（2）金融機関への融資申し込みの仕方

金融機関（銀行や信用金庫など）というのは、返済可能性（融資したお金がきちんと返ってくるのか）と資金使途（融資したお金を何に使うのか）について審査します。そこで、所要運転資金の計算による「資金使途の根拠」が必要になるのです。

所要運転資金の計算式を見ると、経営が順調で、そのための売上増加による資金不足なのか、売上不振で人件費などの固定費の支払いが不足しているのかはすぐに分かります。その後、後者の場合は返済原資などを問われます。現状の経営状態もしくはビジネスモデルでは利益が上がらないので、どうやって返済するのかを説明しなければならないのです。遊休資産の売却、新たなビジネスモデルへの移行による売上回復、増資など、返済原資となる資金が調達できる見込みを説明しなければなりません。金融機関を説得できる内容の資料を作成し、銀行に納得してもらわなければなり

ません。

「とりあえず、このくらいの金額を貸してほしい」というのでは、銀行はお金を貸してくれません。「売上が好調のため、増加運転資金が必要なので貸してほしい」と、正確な数字とその根拠を明示し、説明できるようにしなければなりません。円滑な資金調達をするためには、この部分の簿記の知識が必要なのです。

運転資金というのは既に見てきたように、その業種・業態により概ね決まった商取引を通じて会社が立て替えるべき資金のことです。簡単にいえば、自社の資金繰りが苦しいからといって、その業界の商習慣は変えることはできません。仮に変えることができれば、それだけでも新しいビジネスチャンスになります。銀行から見ると、この運転資金を賄うための融資が、銀行の最も大きな収益源になるので、裏付けのある正確な資料で説明すれば、銀行は融資に応じてくれます。

繰り返しになりますが、具体的な運転資金は、「売上債権＋棚卸資産－仕入債務」という計算式で求められます。この運転資金は、資金の回収、支払いのサイト、在庫の売れ行き状況に変化がないのであれば、売上高と相似的に増えていくことになります。経営が好調で売上が進展していくと、運転資金が必要になるのです。後で出題する計算問題を解くと、その状態の様子が分かります。会社の運転資金は、個人の扱う金額の何倍にもなるので、銀行などの金融機関との取引は非常に重要なことだと理解しておきましょう。

売上高が今後増えそうなときには、現状の運転資金の売上の伸び率分だけ、立替運転資金（所要運転資金）が必要になるのです。この運転資金のことを「増加運転資金」といいますが、この金額が新たな運転資金として、金融機関への融資の申込金額となります。この場合は、資金使途が明確で説得力のある申し込みとなるのです。

常に、どれだけ資金の立替運転資金が必要か、売上高との関係で把握をしておきます。具体的には、売上高（月商）の何か月分運転資金が発生す

るのかを計算します。この分だけ収支がズレるために立替運転資金が必要になるのです。

　　運転資金回転期間＝運転資金÷月商

　取引条件が同じで変化がなければ、また、売上高の規模が同じであれば、運転資金の増減は全くありません。売上債権が回収されても、同じ金額だけ新たに売上債権は生まれます。回転しているからです。仕入債務や在庫についても同じことがいえます。

　つまり、運転資金として融資を申し込む金額は売上高が増えた分に対してで、新たに発生する運転資金分のみなのです。今の月商からどれだけ売上高が増加するのかによって、資金の構造上必ず発生する運転資金の割合である「収支ズレ」を掛けることでその金額が計算されます。現実には、商品ごとに仕入サイトは異なるでしょうし、売上も天候や経済状況などの外部要因によって変化するので概算になりますが、この関係を知っておくことでおおよその増加運転資金が予測できます。

　　増加運転資金＝売上高増加予想額×収支ズレ

　この他に取引条件が変更されたことによっても運転資金が増減します。この場合は、経営者の判断なので、事前に準備します。たとえば、支払条件を短くすれば（買入債務回転期間の短縮）、相手からすると支払いを早く受けられるので値引きに応じてくれることが多いのです。しかし、その分増加運転資金が必要になります。取引先から売掛期間延長の依頼を受けると、売掛債務回転期間が伸長します。そうすると増加運転資金が発生します。

　その他、資金繰りは、法人税率・消費税率の変更や銀行への返済条件の変更によっても影響を受けます。簿記の資金繰り表やキャッシュフロー計算書の項目になります。起業を志す人としては、知っておかなくてはならない分野です。

　また、食品などで賞味期限のある商品や流行を追う商品は、一定期間を経過すると全く商品性を失います。この場合は廃棄処分することになります。商品残高に計上しておいても、既に回転しない部分になってしまって

います。この場合は、廃棄した金額が損失として必要な資金になります。

3 企業の損益

（1）損益分岐点

❶ 損益分岐点とは

　起業を考えるときには、まず「考えているビジネスモデルでどれだけの売上高を計上すれば収支が黒字になるか」を判定する売上高を算出します。この売上高が損益分岐点売上高です。損益分岐点を算出することは、将来の計画を練り、経営分析をする上で非常に大切です。

　損益分岐点の計算には、費用を固定費と変動費に分ける必要があります。固定費（主に人件費と経費）を抑えれば損益分岐点売上高は少なくて済みますが、一定規模の会社組織を作るとなると簡単ではありません。想定する売上高がある程度固い数字で予測できるのなら、その金額まで固定費を使うことができます。変動費（主に仕入資金）は売上高に比例して変動するので、売上が低いときは変動費も少なくて済みます。

　言い換えると、損益分岐点とは、利益が出るか損失が出るかの分かれ目となる（利益がちょうどゼロとなる）売上高や販売数量のことです。利益がゼロになる売上高のことを「損益分岐売上高」といい、通常、このことを「損益分岐点」と呼びます。

❷ 変動費と固定費

　損益分岐点を理解する上では、まず費用（経費）には固定費と変動費の2種類があることを理解する必要があります。売上が増加すれば、その販売のためにアルバイトを雇ったり、時間外手当を支払ったりしなければな

りません。人件費がすべて固定費ではないのです。事前に判明しているのであれば、人件費などの通常固定費に分類するものも合理的な根拠のもと、一部変動費に分割して計算することもあります。

① 固定費
　売上高や販売個数に関係なく、一定に発生する費用のことです。主に、人件費、店舗や事務所の賃借料、そこで使用する水道光熱費などです。
② 変動費
　売上高や販売個数の変動に応じて増減する費用のことです。主に、仕入費用、材料費、配送費、外注加工費などです。

❸ 損益分岐点売上高を算出する

損益分岐点売上高を算出する計算式は、以下の通りです。
損益分岐点売上高＝固定費÷（1－変動費率）
変動費率とは、売上高に対する変動費の割合のことです。
変動費率＝変動費÷売上高
上式を変形すると次のようになります。
変動費＝売上高×変動費率
損益分岐点売上高の計算式を忘れてしまったときに、次のように利益の計算式から求めることもできます。
利益＝売上高－変動費－固定費
先ほどの計算式（変動費＝売上高×変動費率）をこの利益の計算式に代入します。すると次のようになります
利益＝売上高－（売上高×変動費率）－固定費
利益がゼロとなる売上高が損益分岐点ですから、左辺の利益に「0」を代入します。
0＝売上高－（売上高×変動費率）－固定費
この式を、売上高を求める式に変形すれば、損益分岐点の公式が導き出

されます。

　費用を固定費と変動費に分解するときに、見慣れた損益計算書の区分とは全く異なるものであることを理解しましょう。損益計算書の「売上総利益＝売上高－売上原価」、さらに、「売上総利益－販売費及び一般管理費＝営業利益」、そして、「営業利益－営業外収支＝経常利益」とは、概念が異なります。費用をすべて固定費と変動費に分けていることに注意し、混同しないようにしましょう。

　簡単な練習問題をやってみましょう。損益分岐点を次の例題で計算してみます。

> **例題**
> 　売上高：12,000万円、変動費：8,000万円、固定費：3,000万円、利益：1,000万円の場合、この事業の損益分岐点売上高はいくらになるでしょうか。

　先ほどの計算式に代入すると次のようになります。
　損益分岐点売上高＝3,000÷{1－(8,000÷12,000)}
　　　　　　　　　＝3,000÷(1－2/3)＝約9,000万円
　検算してみましょう。
　変動費＝売上高×変動費率
　　　　＝売上高×変動費／売上高
　変動費＝9,000×8,000/12,000
　　　　＝約6,000万円
　　　　9,000－3,000（固定費）－6,000（変動費）＝0

　確かに、売上高が9,000万円ならば、利益は「0」になります。この事業の損益分岐点となる売上高は、9,000万円となることが分かりました。9,000万円の売上高を下回ると損失が出るので、最低で年間9,000万円を売り上げる経営方法を考えなければ会社は赤字になり、存続できないということです。月商で750万円、毎日25万円の売上計画が必要になります。

一方で、固定費を年間 3,000 万円に抑えなければなりません。毎月の人件費と事務所経費などの売上に関係なく発生する費用は、月 250 万円までです。自分の給料をいくらにするのか、人を何人雇えるのか、家賃はいくらまで払えるのか、おおよその計画が見えてきます。

(2) 損益計算書の売上総利益・営業利益・経常利益の関係

損益分岐点を計算するには、最初に損益計算書を作成します。その数字を分類することで、計算に必要な変動費と固定費を導き出します。

練習として、実際に近い形で計算してみましょう。起業で最も簡単な本部から支援があるコンビニエンスストアのフランチャイズを想定し、以下の表に示した勘定科目を使用して損益計算書を作成します。

参考として、平成 9 年の中小企業庁のコンビニエンスストア部門指標では、13.5％（店主収入を含む）が人件費です（中小企業の平均的な人件費率は、約 10％です）。FC のロイヤリティは 20 ～ 25％前後が一般的です。

基本計画では、平均的な数字を入れて計算することで、現実に近い形でのシミュレーションが可能になります。金額欄は、月商が 1,000 万円の場合を想定して、おおよその金額を出してみました。

損益計算書（コンビニエンスストアを想定した参考事例）

勘定科目等	説明	金額（万円）	％
売上	売上合計金額	12,000	100％
売上原価	変動費：費用の中で一番大きな費用です。次の計算式で求めます。期首商品棚卸高＋期中商品棚卸高－期末商品棚卸高 原価率を 55％として計算します。	6,600	55％
売上総利益	商品売上高－売上原価	5,400	45％

本部経費（ロイヤリティなど）	変動費：ロイヤリティは、定額で支払う場合、売上に対して一定の割合を乗じて支払う場合、売上総利益に対して一定の割合を乗じた金額を支払う場合などがあります。 今回は、売上総利益の20％をロイヤリティとして計算します。	2,400	20%
地代家賃	固定費	600	5%
人件費（従業員給与、パート・アルバイト代）	人件費は基本的には固定費ですが、コンビニの場合は2名体制が基本で、それ以外は変動費で計算します。 人件費は、売上高の10％とします（全産業の平均値）。 **そのうち固定費（人件費）**：612,000円（パート）＋300,000円（正社員） 店舗を運営するには、最低人員が必要です。仮に売上がなくても店舗を管理する人は必要です。売上ゼロの場合でも必要部分の人件費を固定費として考えます。基本的に人件費は固定費ですが、繁忙時に売上が伸びると人件費は増加します。24時間営業で、正社員とアルバイトの最低限の構成では、 時給850円×24時間営業×30日＝612,000円 となります。これを超えると変動費になります。 **変動費（人件費）**：売上高×10％－612,000 売上が増加すると、人件費も増えます。その部分は変化するので変動費とします。	1,200 (912,000円/月) 固定費 1,094.4万円/年 (88,000円/月) **変動費** 1,056千円/年	10%
法定福利費	固定費：保険料など（従業員を雇うと発生します）	60	0.5%
水道光熱費	固定費：24時間営業で大きな変動はありません。	120	1%
消耗品費	**変動費**：売上高の1％に設定	24	0.2%

通信費 （電話料）	固定費：売上と相関はなく、大きく変わりません。	24	0.2%
車両運搬費	固定費：売上と相関はなく、大きく変わりません。	24	0.2%
旅費交通費	固定費：売上と相関はなく、大きく変わりません。	12	0.1%
リース料	固定費：売上と相関はなく、大きく変わりません。	120	1%
保守修繕費	固定費：売上と相関はなく、大きく変わりません。	60	0.5%
外注加工費	**変動費**：店舗の独自性を出す商品で1％に設定。売れなければ発生しません。	120	1%
支払手数料	固定費：振込手数料など（件数で計上され、売上とは関係ありません。）	12	0.1%
保険料	固定費：売上と相関はなく、大きく変わりません。	120	1%
雑費	固定費：売上と相関はなく、大きく変わりません。	60	0.5%
営業費合計		4,956	41.3%
建物減価償却費	固定費：開業時に代金は支払い済みです。期間案分して、費用として計上します。	48	0.4%
設備減価償却費	固定費：開業時に代金は支払い済みです。期間案分して、費用として計上します。	48	0.4%
小計		5,052	42.1%
営業利益		348	2.9%
支払利息	固定費：借入金の利息部分（返済利息額は決まっています）	120	1%
受取利息	通常、よほどの余裕資金がない限りほとんど発生しません。	0	0%
経常利益		228	1.9%
特別損益		0	0%
当期純利益		228	1.9%

上記の損益計算書の費用項目より、固定費と変動費を区分し、固定費と変動費の金額を求めます。

　同様に、変動費率を求めます。

　変動費＝6,600＋2,400＋105.6＋24＋120＝9,249.6万円

　変動費率＝9,249.6÷12,000＝77.08％

　固定費＝5,052－(2,400＋105.6＋24＋120)＋120

　　　　＝2,522.4万円

　　　　＝600＋1,094.4＋60＋120＋24＋24＋12＋120＋60＋
　　　　12＋120＋60＋48＋48＋120

　　　　＝2,522.4万円

　損益分岐点売上高＝2,522.4÷(1－0.7708)

　　　　　　　　　＝11,005.235602・・・(約11,005万円)

4 財務諸表の基本

(1) 財務諸表の役割

　起業を志す人は、財務諸表を理解し、その分析をする必要があります。金融機関から融資を受けたり、投資家から投資を受けたり、友人・知人に資金支援を依頼したりするときには、会社の現状を表す資料を提示し、相手に会社の現状や将来の展望を納得してもらうための説明責任があるからです。他にも、優良企業との取引を行うには、リスク管理の観点から財務諸表の提出の依頼があることがあります。会社の財務状態が良好でないと取引口座の獲得すらできません。

　財務諸表の作成自体はそれほど難しいものではありません。販売・仕入データをパソコン入力し、そのデータを基に会計ソフトで加工すれば完成

しますし、ちょっと複雑なものであっても、税理士や会計士などの専門家に依頼すれば作成してくれます。問題は作成された後の財務諸表の内容を理解し、外部の取引先や協力者に説明できる能力を持つことです。外部の利害関係者との協調により、その力に支えられていることを忘れてはいけません。財務諸表の基本的知識は必須なのです。

　株式公開を目指す起業の場合は、金融商品取引法により、①損益計算書、②貸借対照表、③キャッシュフロー計算書、④内部統制報告書の作成が義務付けられています。会社法では、中小企業に対しても財務諸表の開示を義務付けていますが、罰則規定がないため、事実上一部の会社しか財務諸表を公開していないのが現状です。しかし、金融機関から融資を受けるときには、税務署に提出する財務諸表（税法適用）の提出が必要になります。

　日本の会計基準は、「細則主義」と呼ばれ、細かくその計上方法が規定されています。逆にいうと、規定されていない事柄については抜け穴が存在し、その財務諸表の信ぴょう性に問題が出ています。世界統一基準として、国際財務報告基準（IFRS）の採用が日本でも予定されているので、この財務諸表に関しては今後大きく変わる可能性があります。ただし、当初のIFRSの適用は、株式を証券取引所に上場している大企業が対象となり、中小企業に関しては現状がしばらく継続することが予想されます。

(2) 4つの財務諸表

　ここでは4つの財務諸表（損益計算書、貸借対照表、キャッシュフロー計算書、内部統制報告書）について、その概要を説明していきます。

❶　損益計算書

　損益計算書とは、ある一定の会計期間におけるすべての収益とこれに対応するすべての費用を記載し、企業の経営成績である利益の大きさとその獲得状況を発生源泉別に表示した報告書です。以下がそのひな形です。

損益計算書

項目	金額	計算式	備考
売上高	A		総額表記
売上原価	B		
売上総利益 (または売上総損失)	C	C=A－B	
販売費及び一般管理費	D		
営業利益 (または営業損失)	E	E=C－D	
営業外収益	F		受取利息、配当金、その他の営業外収益
営業外費用	G		支払利息、その他の営業外費用
経常利益 (または経常損失)	H	H=E+F－G	
特別利益	I		経常的でない固定資産売却益、等
特別損失	J		災害損失、等
税引前当期純利益 (または税引前当期純損失)	K	K=H+I－J	
法人税など	L		
当期純利益 (または当期純損失)	M	M=K－L	

　「企業会計原則」にある損益計算書の原則は、以下の通りです。「企業会計原則」とは、すべての企業が会計処理を行う際に必ず従わなければならない会計の指針で、法的効力はなく、慣習を要約したものをまとめたものです。

① 損益計算書の本質

　損益計算書は、企業の経営成績を明らかにするため、一会計期間に属するすべての収益とこれに対応するすべての費用を記載して経常利益を表示します。続いて、これに特別損益に属する項目を加減して当期純利益を表示します。

② 発生主義の原則

　すべての費用及び収益は、その支出及び収入に基づいて計上し、その発生した期間に正しく割り当てられるように処理します。ただし、未実現収益は、原則として、当期の損益計算書に計上してはいけません。

③ 総額主義の原則

　費用及び収益は、総額によって記載することを原則とします。費用の項目と収益の項目を直接相殺することによって、その全部または一部を損益計算書から除去してはいけません。

④ 費用・収益対応の原則

　費用及び収益は、その発生源泉に従って明瞭に分類し、各収益項目とそれに関連する費用項目を損益計算書に対応させて表示します。

⑤ 実現主義の原則

　売上高は、実現主義の原則に従い、商品などの販売または役務の給付によって実現したものに限ります。ただし、長期の未完成請負工事などについては、合理的に収益を見積もり、これを当期の損益計算書に計上することができます（工事進行基準）。

❷　貸借対照表

　貸借対照表とは、ある一定時点で企業に存在するすべての資産及び負債、資本（資本＝資産－負債）を表示する報告書です。貸借対照表は、企業が事業活動を営むにあたり、どれだけの資金を外部から調達し、そしてその調達した資金をどのような事業活動に投下し運用しているのかという、企業の財政状態を表しています。つまり、「**資金の調達と運用のバランス**」

を一覧にしたもので、「バランスシート」とも呼ばれます。

① 貸借対照表の本質

貸借対照表は、企業の財政状態を明らかにするため、貸借対照表日におけるすべての資産、負債及び資本を記載し、株主や債権者その他の利害関係者にこれを正しく表示します。ただし、正規の簿記の原則に従って処理された場合に生じた簿外資産及び簿外負債は、貸借対照表の記載外におくことができます。

② 総額主義の原則

資産、負債及び資本は、総額によって記載することを原則とします。資産の項目と負債または資本の項目とを相殺することによって、その全部または一部を貸借対照表から除去してはいけません。

③ 繰延資産の計上

将来の期間に影響する特定の費用は、次期以降の期間に配分して処理するため、経過的に貸借対照表の「資産の部」に記載することができます。

④ 貸借対照表の区分

貸借対照表は、「資産の部」、「負債の部」及び「資本の部」の3つに区分し、さらに「資産の部」を流動資産、固定資産及び繰延資産に、「負債の部」を流動負債及び固定負債に区分しなければなりません。次の表が貸借対照表のひな形です。負債と資本の区分は、実は明確ではなく、転換社債や種類株式の発行により、株式の市場価格の動向や企業業績によって、その金額は変わります。

⑤ 貸借対照表の配列

資産及び負債の項目の配列は、原則として、流動性配列法によります。

⑥ 棚卸資産の評価

商品、製品、半製品、原材料、仕掛品などの棚卸資産については、原則として購入代価または製造原価に引取費用などの付随費用を加算したものです。算定には、個別法、先入先出法、後入先出法、平均原価法な

貸借対照表

資産の部	負債の部
Ⅰ 流動資産	Ⅰ 流動負債
現金及び預金	支払手形
受取手形	買掛金
売掛金	短期借入金
貸倒引当金	繰延税金負債
棚卸資産	前受収益
有価証券	未払費用
貸付金	Ⅱ 固定負債
前払費用	長期借入金
未収収益	
Ⅱ 固定資産	資本の部
有形固定資産	資本金
無形固定資産	資本剰余金
Ⅲ 繰延資産	利益剰余金
	前期繰越利益
	当期純利益

どの方法を適用します。ただし、時価が取得原価より著しく下落したときは、回復する見込みがあると認められる場合を除き、時価をもって貸借対照表価額としなければなりません。棚卸資産の貸借対照表価額は、時価が取得原価よりも下落した場合には時価による方法を適用して算定することができます。

⑦ **有形固定資産の評価**

　有形固定資産については、その取得原価から減価償却累計額を控除した価額をもって貸借対照表価額とします。有形固定資産の取得原価には、原則として当該資産の引取費用などの付随費用を含めます。現物出資と

して受け入れた固定資産については、出資者に対して交付された株式の発行価額をもって取得原価とします。償却済みの有形固定資産は、除却されるまで残存価額または備忘価額で記載していきます。

⑧　無形固定資産の評価

　無形固定資産については、当該資産の取得のために支出した金額から減価償却累計額を控除した価額をもって貸借対照表価額とします。

❸　キャッシュフロー計算書の様式

　キャッシュフロー計算書とは、企業の一会計期間における現金資金の流れを一定の活動区分別に表示する財務諸表です。企業の資金の流れを明らかにし、経営活動の最終成果である「自由に処分することができるキャッシュフロー（フリーキャッシュフローといいます）」を算出するための情報を提供します。

　キャッシュフロー計算書は、一会計期間のキャッシュの収入と支出を営業活動、投資活動、財務活動の3つに分類して、それらの数字を数期間並べることで企業のキャッシュフローの傾向を把握し、本業のビジネスからの付加価値による現金創造を見極めるためのものです。したがって、資金繰り表が月単位・日単位の短期、または3年や5年といった長期間の予測に基づき作成されることがあるのに対して、キャッシュフロー計算書は、損益計算書や貸借対照表と同様に、必ず一定の会計期間をその単位として作成されます。

　キャッシュフロー計算書とは、「現金の流れで会社の実態を表す財務表」です。キャッシュフロー計算書は、**営業活動によるキャッシュフロー**（営業CF）、**投資活動によるキャッシュフロー**（投資CF）、**財務活動によるキャッシュフロー**（財務CF）の3つに分けられます。

　これらの計算書を読み解くことで資金の流れを捉え、会計期間の前後で、会社がどの分野に資金を使い、どうやって調達したのかが判明します。

キャッシュフロー計算書のひな形（金額の増加・減少とは、前期との差額）

	金額
１．営業キャッシュフロー	
経常利益	22
法人税等の支払い	－10
役員賞与の支払い	0
減価償却費	8
売上債権の減少（増加）	6
棚卸資産の減少（増加）	2
その他資産の減少（増加）	－2
買入債務の増加（減少）	－8
割引手形の増加（減少）	－2
その他債務の増加（減少）	2
営業キャッシュフロー	18
２．投資キャッシュフロー	
固定資産の減少（増加）	－14
投資キャッシュフロー	－14
フリーキャッシュフロー（1+2）	4
３．財務キャッシュフロー	
借入金・社債の増加（減少）	0
配当金の支払い	－2
財務キャッシュフロー	－2
キャッシュ増加（1+2+3）	20
キャッシュ期首残高	100
キャッシュ期末残高	120

① 営業活動によるキャッシュフロー（営業CF）

　営業CFとは、**本業**による収入と支出の差額を表します。つまり、本業での活動実績がキャッシュフローで示されます。この項目の合計額がプラスの会社は、**本業が順調**の証拠となります。逆にマイナスの会社は、本業での業況が芳しくなく、資金不足に陥っている状態が分かります。

継続的に、営業 CF がマイナスの場合は、少し危険な会社といえます。
② 投資活動によるキャッシュフロー（投資 CF）
　投資 CF とは、固定資産や株、債券などの取得や売却をしたときの現金の流れを表します。通常、営業活動を行っていくためには、設備投資などの固定資産への継続的な投資が必要なため、優良企業は、この項目はマイナスの場合がほとんどです。設備投資を行うと、マイナス表記となります。逆にプラスの場合は、会社が持っている設備や、株、債券などを売った金額が投資分を上回っていることを示しています。
③ 財務活動によるキャッシュフロー（財務 CF）
　財務 CF とは、キャッシュ不足分をどう補ったのかを表します。株主に配当を支払ったり、自社株買いをしたり、借金を返済した場合はマイナスになります。逆に借入金や社債などで資金調達をすればプラスになります。
　優良企業は、財務 CF はマイナスであることが多いのですが、経営難にもかかわらず、金融機関に返済を迫られてやむなくマイナスになることもあります。また、積極的に成長を目指す企業は、借入金などで設備投資を行い、資金調達が増加してプラスになることがあります。
④ 現金同等物
　会社四季報のキャッシュフロー欄に、**現金同等物**という項目もあります。これは、現金及び現金同等物の増減を表しています。前の期と比べてプラスになっていれば資金の流れは順調で、経営状態も良いといえるでしょう。

❹ キャッシュフロー計算書の見方

　キャッシュフロー計算書の具体的な見方を簡潔に説明します。ここでは、「優良企業系」「積極投資系」「経営悪化系」の３つのパターンに分けました。
① 優良企業系
　本業の営業 CF がプラスで、その利益から投資 CF 分のマイナス分を補い（将来のための投資をするとマイナスになります）、なおかつ財務

CFのマイナス（借入金の返済でマイナスになります）に充てていることが分かります。しっかり利益を上げているからこそ作られるキャッシュフロー計算書です。

優良企業系	金額
営業CF	10,000
投資CF	▲1,000
財務CF	▲1,000

② 積極投資系

会社が成長するために膨れ上がった投資CFのマイナスを、営業CFのプラスと財務CFのプラスで埋め合わせているのが分かります。優良企業系ほどの営業CFがないので、財務CFのプラス（借入の増加）で資金調達を行っています。

積極投資系	金額
営業CF	1,000
投資CF	▲1,500
財務CF	2,000

③ 経営悪化系

まず、営業CFがマイナスです。これで本業が苦しいことが分かります。この本業の苦しさを、投資CFのプラス（遊休資産の売却など）と財務CFのプラス（借入の増加）で埋め合わせているのが分かります。手持ちの資産を現金化し、さらに資金調達も行っているという苦しさがうかがえます。

経営悪化系	金額
営業CF	▲1,000
投資CF	500
財務CF	1,000

❺　資金繰り表とキャッシュフロー計算書との関係

次に、金融機関に借入を申し込むと資料として要求される資金繰り表とキャッシュフロー計算書との関係を見ていきましょう。

資金繰り表は、資金残高が絶対にマイナスにならないようにしなくてはいけません。一方、キャッシュフロー計算書では、その会計期間のキャッシュの正味の収入額がマイナスになっても構いません。それがどういった理由でマイナスになったのかという原因が重要になります。そして資金繰り表とキャッシュフロー計算書で最も根本的に異なる部分は、資金繰り表は将来の予測が最も重要であるのに対し、キャッシュフロー計算書はあくまでも過去のデータのみが集計の対象となります。

大企業では金融商品取引法によりキャッシュフロー計算書を作成しなければなりません。中小企業では、金融機関から融資を受ける際に提出する資料として、資金繰り表が要求されます。資金繰り表は、キャッシュフロー計算書と同じく、資金の流れをその対象とします。しかし、それは、企業における将来的な資金繰りに役立てるために作成される内部資料です。

資金繰り表は、企業の**短期の資金繰り**および**中・長期の資金繰り**が円滑かつ安定的に行えるよう資金の入出金のタイミングなどを考慮に入れながら作成されます。資金の残高が常にマイナス（資金不足は倒産を意味します）にならないように、キャッシュの収入と支出を詳細にマネジメントすることに主眼を置いています。

資金繰り表は、企業の数か月先までの具体的な販売予測（または目標）と将来的な事業計画および将来に対する投資計画、それらを手当てするための**資金調達計画**により作成されます。起業においては、この資金繰り表は非常に重要な資料になります。

❻　内部統制報告書

金融商品取引法の適用を受ける会社（株式上場級の大会社のみが対象です）の経営者は、「内部統制報告書」を1年に一度作成することが要求さ

れます。この報告書に記載される項目はあらかじめ定められています。企業によって記載内容が異なると、投資家が判断を行う上で必要な項目が抜け落ちる可能性があるからです。

　記載される項目は以下の通りです。
1. 整備および運用に関する事項
2. 評価の範囲、評価時点および評価手続、
3. 評価結果

　具体的には、まず、信頼できる財務報告書を作成するために必要な内部統制を整備し、運用する責任は経営者（代表取締役社長）にあることを明記します。

　次に、整備・運用する際に準拠した枠組みを示し、そして、限界があることを明記します。要するに、財務報告に関する内部統制の有効性を絶対的に保証するものではなく、合理的な保証を与えるものにすぎないということです。そして、公認会計士または監査法人により、無限定適正意見（財務諸表などが会社の財務状態および経営状態を適正に表示していると認めたもの）を取ります。この評価を取れない企業は、継続的な活動はできないと見なされます。

　虚偽記載は、経営者に5年以下の懲役もしくは500万円以下の罰金、または両方の罰則になります。また、法人には5億円以下の罰金という厳罰が科せられます。

（3）国際財務報告基準（IFRS）への対応

　国際財務報告基準とは、国際会計基準審議会（IASB）が設定する会計基準の総称です。特定国の基準によらない、世界的に共通な会計基準として設定・公表されています。既に、2005年からはEU（欧州連合）ですべての上場会社に適用され、世界的にも適用国が100か国を超えており、会計基準の世界標準になりつつあります。米国の参加表明により、日本の

参加も確実なので、これから起業を考えている人も、その存在と概要は知っておくべきです。

　IFRSは詳細な規則が定められている細則主義の米国基準と異なり、プリンシプルベース（原則主義）を採っており、最小限の適用指針しかありません。これは、会計基準とは経営者や監査人が自ら判断するものという考えによるもので、実務上の運用基準は個々の企業が実情に応じて作成することになります。日本基準も細則主義なので、大きく根本的な考え方が異なります。

　世界共通の財務諸表作成基準を制定する試みは、1973年設立の国際会計基準委員会（IASC）の国際会計基準に始まります。IASBはIASCが2001年に改組されたときに設置された常設の作業機関で、ここで定められる基準書が「国際財務報告基準（IFRS）」です。IFRSは、株式会社組織の一般企業ばかりでなく、非営利組織や公共団体の財務諸表の作成と開示事項の基準としても適用できるようになっています。

　2007年8月にはIASBと日本の会計基準委員会（ASBJ）が、2011年6月30日までにIFRSと日本基準の相違をなくすこと（コンバージェンス）に合意しました（東京合意）。企業会計は、IASBと会計基準の全面共通化を図ります。

　2009年6月、日本の金融庁企業会計審議会は「我が国における国際会計基準の取扱いについて（中間報告）」を取りまとめ、一定の要件を満たす企業に対し、2010年3月期の年度から国際会計基準による連結財務諸表の作成を容認する方針を示しました。また、金融庁は、「2016年にIFRSの適用を開始する」との趣旨を示しています。また、「仮に強制適用する場合であっても、その決定から5〜7年程度の十分な準備期間の設定を行うこと、2016年3月期で使用終了とされている米国基準での開示は使用期限を撤廃し、引き続き使用可能とする」との見解を表明しています。

(4) 計算問題（運転資金の計算）

　企業における運転資金は命ともいうべき重要なものであり、これらを正確に把握し、算出できることは、起業家にとって必須の知識です。ここでは、これまでの知識を活用し、様々な運転資金の計算を練習していきます。

問題１　次の事例を読み、以下の設問に答えなさい。

　年商5,000万円のA社の変動費率は40％、年商1億円のB社の変動費率は80％とします。A社、B社ともに人件費は、年1,800万円、家賃は年700万円、その他経費は年300万円、金利は年100万円です。取引条件は、A社は現金払い、在庫期間1か月、売掛期間3か月です。B社は、買掛期間半月、在庫期間半月、売掛期間2か月です。（計算では小数点以下は切り捨てること）
　① A社とB社の変動費は、それぞれいくらですか。
　② A社とB社の粗利益（売上総利益）は、それぞれいくらですか。
　③ A社とB社の固定費は、それぞれいくらですか。
　④ A社とB社の営業利益は、それぞれいくらですか。
　⑤ A社とB社の経常利益は、それぞれいくらですか。
　⑥ A社とB社の損益分岐点売上高は、それぞれいくらですか。
　⑦ A社とB社の運転資金は、それぞれいくら必要ですか。
　⑧ 売上高が2倍になったとき、固定費は変動しないとすると、A社とB社社の経常利益はそれぞれいくらになりますか。

解答
　① A社：5,000×40％＝2,000万円
　　 B社：10,000万円×80％＝8,000万円
　　 このような問題では、変動費＝仕入原価と考えます。
　② A社：5,000－2,000＝3,000万円

B社：10,000－8,000＝2,000万円
売上総利益は、売上高－仕入原価＝売上総利益です。
③ A社・B社：1,800＋700＋300＋100＝2,900万円
固定費に金利も含みます。
④ A社：3,000－2,800＝200万円
B社：2,000－2,800＝△800万円
売上総利益－一般管理費＝営業利益です。金利は含みません。
⑤ A社：200－100＝100万円
B社：△800－100＝△900万円
営業利益－支払金利＝経営利益
⑥ 2,900÷（1－0.4）＝4,833万円
B社：2,900÷（1－0.8）＝14,500万円
⑦ A社：(5,000（売上高）÷12×3か月)＋(2,000（仕入原価）÷12×1か月)－(2,000÷12×0（現金払い))＝1,416万円
B社：(10,000÷12×2か月)＋(8,000÷12×0.5か月)－(8,000÷12×0.5か月)＝1,660万円
⑧ A社：(5,000×2)－(5,000×2×40％)－2,900＝3,100万円
B社：(10,000×2)－(10,000×2×80％)－2,900＝1,100万円

問題2　次の計算問題を解きなさい。

　A社の年間売上高は、2,600万円で、商品の仕入原価は1,560万円です。会社の経費は年間ベースで、人件費400万円、減価償却費（　①　）万円、支払利息60万円、家賃150万円、その他100万円です。設備の取得原価は1,000万円、残存価格10％、法定耐用年数9年です。仕入条件は現金払い、販売条件は月末締めの翌月末払いです。在庫は常時、販売額の1か月分です。（計算は小数点以下を切り捨てること）
　① 減価償却費はいくらですか。
　② 変動比率はいくらですか。

③ 固定費はいくらですか。
④ 営業利益はいくらですか。
⑤ 経常利益はいくらですか。
⑥ 損益分岐点売上高はいくらですか。
⑦ 売掛金回転率は何回で、売掛金はいくらですか。
⑧ 在庫資金はいくらで、運転資金はいくら必要ですか。

解答

① 1,000×(1−0.1)÷9＝100万円
償却できない残存価格 1,000万円掛ける10％＝100万円を引いて、耐用年数の9年で割ります。

② 1,560÷2,600＝0.6（60％）
変動費率は、仕入原価率です。

③ 400＋11＋60＋150＋100＝721万円
固定費に、減価償却費100万円、支払利息60万円も含めます。

④ (2,600−1,560)−750＝290万円
400＋100＋150＋100＝750万円、売上総利益から販管費750万円を引きます。

⑤ 290−60＝230万円
営業利益−支払利息＝経営利益です。

⑥ 810÷(1−0.6)＝2,025万円
損益分岐点売上高の公式に固定費810万円と変動費率60％を代入します。

⑦ 365日÷(15日＋30日)＝約8回転、2,600÷8＝325万円
売掛期間は最短30日、最長60日のため、売掛期間は(30＋60)÷2＝45日となり、1年を売掛期間で割ります。概算で360日÷45日＝8回転です。売上高2,600万円を回転期間で割ることで残高が計算できます。

⑧　1,560÷12か月＝130万円、325+130=455万円
　　在庫は原価で計算します。概算360日÷30日＝12回転、原価1,560万円を12回で割ると、130万円です。運転資金は、売上債権325万円＋在庫資金130万円－買入債務は現金払いなので0円＝455万円です。

問題3　次の事例を読み、以下の設問に答えなさい。

　A社は、売上高6,000万円、仕入原価率40％、固定費3,000万円（内、減価償却費200万円、金利150万円を含みます）です。そして、仕入条件は、月末締め翌月末の手形1か月払い、在庫期間は1か月、販売条件は、月末締め翌々月末の手形2か月払いです。借入金は5,000万円、期間10年、金利3％です。法人税率50％とします。

①　損益分岐点売上高はいくらですか。
②　売掛金はいくらですか。
③　買掛金はいくらですか。
④　運転資金はいくら必要ですか。手形は割引しません。
⑤　税引後利益はいくらになりますか。
⑥　借入金の元本を返済すると、手元の流動性資金はいくら残りますか（または、いくら不足しますか）。
⑦　売上高が2倍になると、運転資金はいくら必要になりますか。
⑧　A社の資金繰りについて、改善策も含め簡潔に述べなさい。

解答

①　3,000÷(1－0.4)＝5,000万円
　　仕入原価率40％が変動費率です。
②　2か月＋3か月÷2＝2.5か月
　　6,000÷12か月＝500万円
　　500×2.5＝1,250万円

売掛金は販売条件から計算します。最短2か月、最長3か月なので、平均を取り（2＋3）÷2=2.5か月が平均売掛期間です。平均月商500万円に平均売掛期間2.5か月を掛けて、売掛金残高は1,250万円になります。

③ （1＋2）÷2=1.5か月
6,000×0.4÷12か月＝200万円
200×1.5か月＝300万円

買掛金は仕入れ条件から計算します。最短1か月、最長2か月の平均を取ります。（1＋2）÷2=1.5か月が平均買掛期間です。平均月商の原価200万円／月の1.5か月分で、買掛金残高は300万円です

④ 在庫資金＝6,000×0.4÷12=200万円
受取手形＝500×2か月＝1,000万円
支払手形＝200×1か月＝200万円
1,250（売掛金）＋1,000（受手）＋200（在庫）－300（買掛金）－200（仕手）＝1,950万円

在庫期間1か月とあるので、在庫資金は平均月商の原価から200×1か月＝200万円です。次に、割引を行わないので受取手形の残高を考えます。平均月商の500万円×手形サイトの2か月＝1,000万円が受取手形（売掛債権）になります。支払手形残高は、平均月商の原価200万円×1か月＝200万円が支払手形（買入債務）になります。運転資金は、売掛債権＋在庫資金－買入債務ですから、整理すると、売掛債権「売掛金＋受取手形」＋棚卸資産「在庫資金」－買入債務「買掛金－支払手形」になります。すなわち、売掛金1,250万円＋受取手形1,000万円＋在庫資金200万円－買掛金300万円－支払手形200万円＝1,950万円です。

⑤ 6,000－3,000（固定費）－2,400（変動費）＝600万円
600万円－600×0.5=300万円

税引前利益は、売上高6,000万円からすべてのコスト（固定費3,000＋変動費2,400万円）を引き600万円となります。税率は50％なので、その税引前利益から税金600万円×0.5＝300万円を引きます。600－300＝300万円が税引後利益です。

⑥ 5,000÷10年＝500万円（元本返済金）
300（税引後利益）＋200（減価償却費）－500万円＝0万円（残らない）

借入金5,000万円を10年で返済すると、その返済元本は5,000万円÷10年＝500万円になります。税引後利益300万＋減価償却費200万－返済金500万＝0になります。減価償却費は、既に支払済みの固定資産（設備資金）を期間按分して費用計上しているだけで、現金支出を伴わない経費なので、加算します。

⑦ 6,000×2＝12,000万円
売掛金＝12,000÷12×2.5か月＝2,500万円
在庫＝12,000×0.4÷12×1＝400万円
買掛金＝12,000×0.4÷12×1.5か月＝600万円
受取手形＝12,000÷12×2＝2,000万円
支払手形＝12,000×0.4÷12×1＝400万円
2,500＋2,000＋400－600－400＝3,900万円
売掛金残高2,500万円＋受取手形残高2,000万円＋在庫資金400万円－買掛金残高600万円－支払手形残高400万円＝3,900万円です。または、運転資金は売上高に比例して増加します。問④を使って1,950万×2＝3,900万円です。

⑧ 支払条件をより長く（買掛期間を延ばす、支払手形のサイトを延ばす）、販売条件をより短くする（売掛期間の短くする、受取手形のサイトを短くする）、現金が全く残らない状態です。資金的余裕が全くありません。また、売上が伸びると、運転資金が直ちに枯渇します。利益率を上げる（仕入原価を下げる。経費を削減するなど）、

借入期間を伸ばす（たとえば10年を15年にする）、借入や増資により新たな資金調達をすることなどでも資金繰りを楽にします。

問題4　次の事例を読み、以下の設問に答えなさい。

　月商1,000万円、仕入原価率25%、家賃は月40万円、人件費は月30万円×2名、その他経費は月50万円です。また、設備投資1,000万円（残存価格10%、法定償却期間9年）、借入金2,000万円（5年返済、金利5%）です。取引条件は、仕入が現金払い、販売は月末締め翌月末払い（売掛期間平均45日）、在庫期間15日です。売上高は毎月変動しないと仮定してください。本年は事業初年度です。（計算は、小数点以下を切り捨てること）

① 減価償却費はいくらですか。
② 変動費はいくらですか。
③ 固定費はいくらですか。
④ 損益分岐点売上高はいくらですか。
⑤ 買掛金はいくらですか。
⑥ 売掛金はいくらですか。
⑦ 売上総利益（粗利益）はいくらですか。
⑧ 運転資金はいくらですか。

解答

① 1,000×(1−0.1)÷9＝100万円
　設備資金1,000万円から残存価格100万円（1,000×10%）を引いて、償却期間9年で割ります。
② 1,000×12か月×25%＝3,000万円
　仕入原価率が変動費率です。
③ (40＋30×2＋50)×12か月＝1,800万円
　2,000×5%＝100万円

1,800（家賃＋人件費＋その他経費）＋100（金利）＋100（減価償却費）＝2,000万円

問題では、各経費が月額で書かれているので年額に修正します。家賃40万円／月＋人件費30万円／月×2名＋その他経費50万円／月＝150万円、150万円×12か月＝1,800万円、それに減価償却費100万円と金利2,000×5％＝100万円合計です。1,800＋100＋100＝2,000万円です。

④　2,000÷(1－0.25)＝2,666万円
固定費2,000を1－変動費率（限界利益率）で割ります。2,000÷0.75＝2,666万円です。

⑤　ゼロ（現金払いなので、買掛金は発生しません）

⑥　1,000×1.5か月＝1,500万円
月商1,000万円に売掛期間45日（1.5か月）を掛けます。

⑦　12,000×(1－0.25)＝9,000万円（粗利益）
9,000－2,000＝7,000万円
売上総利益を年商から計算します。月商1,000万円×12か月×粗利益率（1－25％）＝9,000万円です。営業利益は、売上総利益から金融収支（支払金利）以外の経費（販管費）を引きます。9,000万円－1,800万円－100万円＝7,100万円です。経常利益は、さらに支払金利を引きます。7,100万円－100万円＝7,000万円です。当然、9,000万円－2,000万円（経費と金利）＝7,000万円で構いません。

⑧　1,500＋1,000×0.25×0.5か月＝1,625万円
運転資金は、売上債権＋棚卸資産－買入債務です。売掛金1,500万円＋125万円（在庫資金1,000万円×原価率25％×在庫期間0.5か月）－買入債務「0」＝1,625万円となります。

問題5　次の表の空欄（①～⑯）に当てはまる数字を計算しなさい。

第 5 章 起業資金と運転資金

A社・B社の概要

（金額の単位：万円）

	A社	B社
売上高	5,000	9,000
仕入原価率	20%	80%
人件費	2,000	1,000
家賃	600	600
その他経費	400	400
金利	200	100
売掛期間	3か月	1か月
在庫期間	1か月	1か月
買掛期間	1か月	現金払い
変動費	①	②
固定費	③	④
損益分岐点売上高	⑤	⑥
営業利益	⑦	⑧
経常利益	⑨	⑩
立替運転資金	⑪	⑫
売上が2倍伸びたときの利益	⑬	⑭
売上が2倍伸びたときの立替運転資金	⑮	⑯

解答（表の①～⑯）

（金額の単位：万円）

設問	A社	B社
変動費	1,000	7,200
固定費	3,200	2,100
損益分岐点売上高	4,000	10,500
営業利益	1,000	△200
経常利益	800	△300
立替運転資金	1,250	1,350

売上が2倍伸びたときの経常利益	4,800	1,500
売上が2倍伸びたときの立替運転資金	2,500	2,700

- ①②：仕入原価率を変動費率として計算します。
- ③④：人件費、家賃、その他経費、金利の合計です。
- ⑤⑥：固定費÷（1－変動費率）＝損益分岐点売上高です。
- ⑦⑧：売上総利益－管理費＝営業利益です。金利は除きます。
- ⑨⑩：営業利益－支払利息＝経常利益です。受取利息がある場合は加算します。
- ⑪⑫：立替運転資金＝売掛債権＋在庫資金－買入債務です。売掛金は、月商×売掛期間で計算します。買掛金は、月商の原価×買掛期間で計算します。
- ⑬⑭：売上総利益からすべてのコスト（変動費＋固定費）を引いて計算します。固定費は変わらないです。変動費が比例して増加します。たとえば、⑬A社ならば、5,000万円×2×（1－0.2）＝売上総利益8,000万円です。売上総利益から、販管費と金利（合計3,200万円）を引いて、8,000万円－3,200万円＝4,800万円です。
- ⑮⑯：売上の伸び率だけ、立替運転資金も比例して増加します。⑪⑫の解答の2倍になります。

問題6 次の表の空欄（①～⑯）に当てはまる数字を計算しなさい。

A社・B社の概要　　　（金額の単位：万円）

	A社	B社
売上高	6,000	9,000
仕入原価率	40%	60%
人件費	1,000	2,000

第 5 章　起業資金と運転資金

家賃	600	600
その他経費	400	400
金利	0	100
売掛期間	3 か月	3 か月
受取手形期間	0	3 か月
在庫期間	1 か月	1 か月
買掛期間	1 か月	現金払い
支払手形期間	1 か月	0
変動費	①	②
固定費	③	④
損益分岐点売上高	⑤	⑥
営業利益	⑦	⑧
経常利益	⑨	⑩
立替運転資金	⑪	⑫
売上が 2 倍伸びたときの利益	⑬	⑭
売上が 2 倍伸びたときの立替運転資金	⑮	⑯

（注：手形割引はしません）

解答（表の①～⑯）　　　　　　　　　　　　　　　　（単位：万円）

変動費	2,400	5,400
固定費	2,000	3,100
損益分岐点売上高	3,333	7,750
営業利益	1,600	600
経常利益	1,600	500
立替運転資金	1,300	4,950
売上が 2 倍伸びたときの利益	5,200	4,100
売上が 2 倍伸びたときの立替運転資金	2,600	9,900

- ①②：仕入原価率を変動費率として計算します。
- ③④：人件費、家賃、その他経費、金利の合計です。
- ⑤⑥：固定費÷（1－変動費率）＝損益分岐点売上高です。
- ⑦⑧：売上総利益から販管費を引きます。金利は含みません。
- ⑨⑩：営業利益から金利を引きます。受取利息があるときは加算します。
- ⑪⑫：立替運転資金＝売掛債権＋在庫資金－買入債務です。売掛金は、月商×売掛期間で、受取手形は、月商×手形サイトで計算します。在庫資金は、月商の原価×在庫期間で計算します。買掛金は、月商の原価×買掛期間で、支払手形は月商の原価×手形サイトで計算します。たとえば⑬では、売掛金は、6,000万円÷12か月×3か月＝1,500万円、受取手形は「0」です。在庫資金は、6,000万円÷12か月×40％×1か月＝200万円、買掛金と支払手形は、たまたまサイトが1か月と同じなので、6,000万円÷12か月×40％×1か月＝200万円です。整理すると、売掛金1,500万円＋受取手形0＋在庫資金200万円－買掛金200万円－支払手形200万円＝1,300万円です。
- ⑬⑭：売上総利益から、すべてのコストを引きます。たとえば⑬なら、6,000万円×2倍×（1－0.4）＝売上総利益7,200万円、7,200万円－2,000万円＝5,200万円です。これが、経常利益（本問では税引前利益）となります。
- ⑮⑯：売上が2倍になると、立替運転資金も比例して伸びます。解答は、⑪⑫の問題の2倍になります。

第6章
起業家に必要な知識

1 会社の設立

(1) 会社法の制度

2006年5月1日に施行された「新会社法」によって株式会社が簡単に作れるようになり、最低資本金や出資者数の制限がなくなりました。会社設立の主な条件は以下の表の通りです。

また既存の有限会社も株式会社として存続します。(これを特例有限会社といいます)。公開会社は、株式上場とは無関係で、株式譲渡制限規定がない会社、非公開会社は株式譲渡制限規定がある会社のことです。

従来と異なり、中小企業とはいえ決算公告が必要になりました。従前の有限会社は決算公告が不要だったので、注意が必要です。

会社の種類

項目	特例有限会社 (新規設立は不可)	株式会社 (非公開会社)	株式会社 (公開会社)
出資者数	1人以上	1人以上	1人以上
出資者名称	株主	株主	株主
最低資本金	制限なし※1円以上	制限なし※1円以上	制限なし※1円以上
取締役数	1人以上	1人以上	3人以上
取締役の任期	無期限	最長10年	最長2年
取締役会の設置	不可	任意	必要
代表取締役の設置	任意	任意	必要
監査役の設置	任意	一定のケースのみ必要	必要
監査役の任期	無期限	最長10年	4年
株主(社員)総会	株主総会書面決議可 ※決議事項についての株主全員の同意が必要	株主総会書面決議可 ※決議事項についての株主全員の同意が必要	株主総会書面決議可 ※決議事項についての株主全員の同意が必要

決算公告	不要	必要	必要
社債の発行	可	可	可

(2) 新設された LLC・LLP の制度

　新会社法では、新しい会社形態として LLC（合同会社）の制度が創設されました。以下の表は、LLC と LLP（有限責任事業組合）の制度概要の比較です。

　LLP における「パススルー課税」とは、構成員課税のことで、法人事業体では、法人税の課税は受けません。出資比率に関係なく利益配分ができ、その利益配分を受けた出資者に法人税・所得税を課税する仕組みになっています。一方、LLC は法人格を持ちながら、利益配分を出資金額に拘束されずに行うことが可能です。起業家としては、出資金の大小だけではなく、技術、ノウハウ、人脈などの起業時における貢献度によって利益配分を自由に決めることができます。

　起業する場合、資金的に余裕がなく、アイデアのみの場合で、資金面は他の協力者に頼るときがあります。このような場合に、この LLC は有効に働きます。創業者としての創業者利益を確保する手段に使えます。

LLC と LLP の比較

項　目	LLC（合同会社）	LLP（有限責任事業組合）
法人格	あり	なし
課税体系	法人課税	パススルー課税（構成員課税）
責任	出資額の範囲内での有限責任	出資額の範囲内での有限責任
利益配分	出資金額に拘束されない	出資金額に拘束されない
監督制度	内部自治原則 （取締役会・監査役設置任意）	内部自治原則 （取締役会・監査役設置任意）
債権者保護	財務データの開示 債務超過時の利益配分の禁止	財務データの開示 債務超過時の利益配分の禁止

2 融資をしてくれる金融機関

　銀行は、預金者から預かった資金を「貸し出し」という形態で運用しています。利益は、利ザヤの数％なので、基本的にリスクを負う融資はしません。そこで、ベンチャー企業には、基本的に資金を提供できないのです。銀行員時代の経験から、はじめての決算書ができ上がる前に銀行から融資を受けられるケースは、非常にまれなことと考えて間違いありません。親会社の存在や、会社の設立前に何らかの取引関係がない限り、融資は受けられません。

　また、担保があっても基本的に銀行は融資をしません。利益を上げられるビジネスプランとそのプランが一巡した実績が必要になります。取引実績とそのビジネスプランが現実的であることが求められるのです。そのため起業においては、資金繰りを付けることに非常に苦労します。創業時に融資をしてくれる金融機関は政府系の日本政策投資銀行ですが、ほとんどのケースで、上限1,000万円と考えておきましょう。

　起業家やベンチャー企業向けの金融機関は、ベンチャーキャピタルです。日本では、銀行系、証券系、生保・損保系、独立系などと、その投資原資となる出資母体によって大きく分かれます。それぞれ投資スタンスが異なるので、自分のビジネスプランは、どのベンチャーキャピタルから投資してもらえるのかを検討し、十分に吟味する必要があります。ベンチャーキャピタルの基本姿勢は、将来性のあるビジネスプランを持つ会社の株式を取得し、将来の値上がり時に売却し、キャピタルゲイン（値上がり益）を得ることです。

3 人脈の構築

　起業というビジネスに踏み出すためには、強力な人脈がある方が何かと有利に働きます。たとえば、資金調達や取引の拡大などといった点で、これらの人脈があれば有利に作用します。様々な人脈を活用して、少しでも有利な条件で起業にこぎつけるようにしましょう。

　人脈の構築で重要なことは、人一倍の熱意と、少々の地道な実績が欠かせないということです。多くの人と出会える場（セミナーなど）に積極的に参加するだけでなく、その中から本当の意味での人脈を手に入れる努力を怠らないことが必要です。

4 年金

　日本の年金制度は3階建てになっています。起業する前に企業に勤めていた場合、今までは第2号被保険者でしたが起業して個人事業主や中小企業の経営者（自営業者）になると、第1号被保険者になります。次ページの表の「民間サラリーマン（給与所得者）」から自営業者に変わるので、国民年金の払い込みを自ら行わなければなりません。サラリーマンのときは、会社が代わって社会保険料として給料から天引きすることで払っていたので、従来は払い忘れはなかったわけです。しかし**起業後は、自分で払い込まなければなりません**。会社が成長し、従業員を雇用する場合は、掛け金の半分を負担することになります。厚生年金の掛け金は労使折半です。

　原則として、20歳以上60歳未満の日本に居住するすべての国民は、国民年金（老齢基礎年金）に義務として強制加入しなければなりません。年金の払込期間（資格期間）が25年以上ある人が65歳になったときに、

公的年金制度

2階部分		厚生年金 （老齢厚生年金）	国家公務員共済	地方公務員共済	私立学校教職員共済
1階部分	国民年金（老齢基礎年金）				
加入者	個人事業主、無職者及びパート・アルバイトなど厚生年金加入基準を満たさない給与所得者	第2号被保険者の被扶養配偶者	民間サラリーマン	公務員など	
	第1号被保険者	第3号被保険者	第2号被保険者		

1階部分として老齢基礎年金を受給できます。

　民間サラリーマンや公務員などの場合には、厚生年金や共済年金に企業や組織が義務として強制加入しなければなりません。それによって、自動的に加入していると見なされる1階部分の老齢基礎年金に加えて、2階部分の老齢厚生年金や退職共済年金を受給できます。

　任意の選択ですが、個人・自営業者では、国民年金基金や確定拠出年金に加入できます。また、企業は従業員のために、各種の企業年金に任意加入し、年金額を増やすことができます。この企業年金は、従業員の掛け金とともに企業が掛け金の一部を拠出して、従業員の老後に給付することになります。さらに勤務先に関係なく、全くの個人の選択として、民間の個人年金や年金保険に加入することも可能です。

　また、障がい者になった場合には、障害年金が支給されます。死亡した場合には、遺族が遺族年金を受給できます。このことは非常に大切なことです。年金は高齢者になってからだけのものではなく、障がい者になってしまったときにも役に立つことを覚えておきましょう。

① 1階部分（公的年金）

最低限の保障を行う国民年金（基礎年金、老齢基礎年金）です。保険料は定額のため、受給時の金額も一定です。

② 2階部分（公的年金）

現役時代の収入に比例した年金を支給する厚生年金、共済年金です。保険料は収入の一定割合で、給料水準により受給金額も変動します。

③ 3階部分（私的年金）

企業年金（厚生年金基金、確定給付年金など）と確定拠出年金（企業型と個人型）があり、企業が任意で加入しているものです。企業の規模により大きく金額が変わります。

個人事業主や自営業者は、自主的に国民年金基金に加入し、年金額を増やせます。

5 健康保険

日本の医療保険制度は、国民全員がどちらかの保険制度に加入する「皆保険制度」です。会社を辞めて個人で起業する場合や、従業員4名以下の会社の場合は、国民健康保険に加入することになります。

従業員の健康保険は事業所ごとに加入します。会社ごとではなく、工場、支社、本社ごとに、常時5名以上雇用している場合です。

保険料率は、平成21年9月に全国一律（8.2％）から事業所のある都道府県ごとの保険料率に移行しています。

健康保険は全国健康保険協会（協会けんぽ）の運営と、同業企業などからなる健康保険組合の運営がありますが、どちらも厚生年金保険料と同じく、**保険料は事業主と折半です**。従業員を雇用する場合は、従業員の健康保険加入を年金事務所に届けることになります。

日本の医療保険制度の体系

医療保険の種類		保険に加入する人	届出先
①後期高齢者医療制度		75歳以上の人（一定の障害のある人は65歳以上）	役所
健康保険	②全国保険協会管掌健康保険	民間会社に勤める人とその扶養家族（会社に健保組合がない場合）	事業主を通じて年金事務所
		民間会社に勤める日雇い労働者とその扶養家族	事業主を通じて年金事務所
	③組合管掌健康保険	民間会社に勤める人とその扶養家族（会社単位などで健保組合がある場合）	それぞれの健保組合
④船員保険		船員とその扶養家族	全国健康保険協会
共済組合	⑤国家公務員等共済組合	国家公務員・公共企業体などの職員とその扶養家族	それぞれの共済組合
	⑥地方公務員共済組合	地方公務員とその扶養家族	それぞれの共済組合
	⑦私立学校教職員等共済組合	私立学校の教職員とその扶養家族	それぞれの共済組合
国民健康保険	⑧国民健康保険組合	①～⑦に加入していない、同業者の地域組合の組合員とその家族	それぞれの国保組合
	⑨国民健康保険	①～⑧に加入していない人とその家族	役所の保険係

　後期高齢者で75歳の誕生日から加入する場合は、加入の届け出は必要ありません。

　なお、会社を退職した人でも国民健康保険に入らないで、原則として2年間に限って、前の健康保険を任意継続できる場合があります。

6 雇用保険

❶ 雇用保険は就職活動するための失業手当

　雇用保険には、失業した場合の「求職者給付」と「就職促進給付」、職業に関する訓練を受ける際に必要な「教育訓練給付」、育児休業などの「雇用継続給付」など、各種の給付があります。

　求職者給付の「基本手当」とは、いわゆる「失業手当」のことです。倒産、解雇、自己都合などで失業したときでも一定の期間は給付されるので、その間に安心して就職活動ができます。ただし、基本手当の給付は、働く意思・能力があることが条件です。病気やケガによりすぐに就職できない場合や、しばらく休養しようと思っているときは支給されません。

　また、起業のために会社を辞め、起業準備をしている間は、就職活動をしていませんから基本手当は支給されません。離職の日以前2年間に、被保険者期間が通算12か月以上あることも受給の条件です（解雇や倒産などによる失業の場合は、離職日以前2年間で通算6か月以上でも可）。申請は、住民票を登録している地域を担当するハローワークに本人が出向いて行います。

　受給額は離職した日の直前6か月に支払われた賃金日額の50～80％で、上限は30歳未満なら6,290円／日です。給付金を受け取れる期間は、被保険者の期間と年齢によって異なります。30歳未満の場合は、90～180日です。その間、ケガや病気、妊娠、出産などによりすぐには就職できなくなった場合は、申請することで、働けない日数だけ期間を延長することができます（最長で3年間です）。

❷ 雇用保険料の負担割合

　雇用保険は、個人経営で従業員4名以下の農林水産業を除き、すべての会社で加入しなければならない強制保険です。保険料は勤務先と労働者

がともに負担します。以下の表が事業主(会社)と被保険者(労働者)の負担率です。起業して**会社を設立し、5名以上の従業員を雇用する場合は、会社は当然ながら雇用保険料を負担しなければなりません。**

　正社員はもちろん、1週間の所定労働時間が20時間以上かつ31日以上の雇用見込みがあれば、パートでも雇用保険に加入することが原則です。加入手続きは勤務先が行い、勤務先から「雇用保険被保険者資格取得等確認通知書」と「雇用保険被保険者証」が交付されます。

　これらが交付されておらず、勤務先が雇用保険の加入手続きをしていないと思われる場合は、ハローワークで「雇用保険に加入する必要があるかどうかの確認」を請求することも可能です。万一、雇用保険に未加入だった場合は、事業主から雇用保険料を天引きされていたことが給与証明などの書類により確認された従業員については2年を超えて雇用保険の遡及適用が可能になります。

平成25年度　雇用保険の概算保険料

事業の種類	保険料率	事業主負担率	被保険者負担率(労働者)
一般の事業	13.5/1000	8.5/1000	5/1000
農林水産業 清酒製造業	15.5/1000	9.5/1000	6/1000
建設業	16.5/1000	10.5/1000	6/1000

7　会社の設立

　起業は、個人事業主でも構いませんが、組織として大きくしていくためには会社を設立する必要があります。会社法改正で設立が容易になり、起業して間もない状況でも、株式会社の設立は可能です。株式会社を設立す

るケースがほとんどなので、ここでは株式会社の設立手続きについて、全体の流れを説明します。

株式会社の設立手続きの流れは以下の通りです。

① 商号を決める

以前制限があった「類似商号」という考え方はなくなりました。好きな名称を付けることができます。名称の前後どちらかに、必ず「株式会社」という文字が入ります。

② 事業の目的を決める

定款に、会社の目的を記載しなければなりません。定款は公証人の認証が必要です。会社が設立されると法律上、株式会社は法人となり、定款の目的の範囲内でのみ権利能力（法律行為ができるということ）を持ちます。

③ 本店所在地を決める

この住所地で、管轄の法務局が決まります。

④ 設立の際の資本金額を決める

1円でも可能ですが、社会的な信用度を考えて、初年度の必要な資金が準備できていることを示す金額を考えましょう。

⑤ 株主になってくれる出資者（発起人）を募る

株主は資金提供者で、会社のオーナーになります。また、株主は、経営者を選任できる権利を持っています。持ち株比率に注意し、経営権が維持できるように慎重になる必要があります。

設立方法には「発起設立」と「募集設立」があります。「発起設立」とは、会社設立時に発行する株式の全部を発起人が引き受け、発起人以外からは株主を募集しない方法です。「募集設立」とは、発起人以外の人たちからも株主を募集して会社を作る方法です。

⑥ 会社の機関を設計し、役員を決める

会社法が定める役員とは、代表取締役、取締役、監査役、会計参与をいいます。これらは、会社の「機関」と呼ばれます。起業時は、機関を

持たずに1人で済ませることも可能です。将来的に、株式会社を動かしていく意思決定や業務執行をする役目を果たすものです。会社の成長により規模が大きくなると、非常に重要になってきます。

⑦ 事業年度（決算月）を決める

決算月は習慣上3月が多いのですが、こだわる必要はありません。事業年度は1年以内です。はじめは、3か月くらいで一度決算をすると、15か月で、2回の財務諸表ができます。2期分の財務諸表が揃うと、その内容が良ければ、銀行が融資の相談に乗ってくれます。

⑧ 会社の印鑑を作る

発起人と役員の印鑑証明書を用意します。定款の認証の際に、発起人について各自1通ずつ、登録申請の際に、代表取締役について1通、登録申請の際に、発起人でない取締役について1通です。

⑨ 出資金の払い込みと取締役（監査役）の調査

会社の役員にする場合、その身元は十分に調査しましょう。いくら出資金を出してくれるからといって、反社会的勢力に関与する人が役員に名を連ねると、すべてうまくいかなくなります。

⑩ 会社設立登記

一般的に行政書士に依頼します。

⑪ 官公署への届け出

次節に説明する各種届け出が必要になります。

会社設立の手続きが完了したら、本格的に事業を開始することになります。同時進行で、会社の運営に必要な事務手続きと許認可申請の準備に取りかかりましょう。

8 各種の届け出

　起業する場合、その形態が会社でも個人でも、事業を遂行するための様々な手続き（届出）が必要になります。期限があるものもあるので、しっかりとスケジュールを立てて作成します。起業家が自ら行っても構いませんが、税理士、社会保険労務士、行政書士などに依頼するとスムーズに手続きが完了します。

会社設立後に行う主な手続き一覧表

所轄機関	会社組織	個人事業	内容
税務署	法人設立届出書	個人事業の開廃業等届出書	すべての事業者
	給与支払事務所などの開設届出書		すべての会社、従業員を採用した個人事業者
	棚卸資産の評価方法の届出書	所得税の棚卸資産の評価方法・減価償却資産の償却方法の届出書	すべての事業者
	減価償却資産の償却方法の届出書		
	青色申告の承認申請書	所得税の青色申告の承認申請書	任意。青色申告希望の場合のみ
		青色事業専従者給与に関する届出書	任意。青色申告を選択し、配偶者や家族などに支払った給与を青色事業専従者給与として必要経費に計上したい場合
	源泉所得税の納期の特例の承認に関する申請書		特例を希望する場合
市区町村役場及び県税事務所	法人設立等申告書	個人事業開始申告書	すべての事業者

労働基準監督署	労働保険保険関係成立届	1人でも従業員を採用した場合
	労働保険概算保険料申告書	
	就業規則届	従業員10名以上の場合
公共職業安定所	雇用保険適用事業所設置届	1人でも従業員を採用した場合
	雇用保険被保険者資格取得届	
社会保険事務所	健康保険、厚生年金保険新規適用届	会社の場合、すべての事業者（個人事業の場合、従業員5名以上）
	新規適用事業所現況届	
	健康保険、厚生年金保険被保険者資格取得届	

9 許認可

　起業するには、許認可が必要になる業種がたくさんあります。たとえば、酒屋、建設業、不動産業、飲食店などの業種は、監督官庁への許認可申請が必要になります。次ページの表は一部ですが、一定の行政手続きが必要なことを知っておきましょう。

　無許可、無認可で営業をした場合には、営業停止のほか罰金や懲役などの厳しい処分や罰則を受ける場合があります。悪質と判断されると、テレビや新聞で報道され、企業が存続できなくなる場合もあります。法律上の手続きは、忘れたでは済まされないので注意してください。場合によっては、複数の許認可が必要となることもあります。よく分からないときや不明な場合は、担当と思われる行政窓口に問い合わせるか、行政書士に聞きます。

　行政書士とは、弁護士（裁判所への書類提出）、弁理士（特許庁への書類提出）、税理士（税務署などへの書類提出）、司法書士（法務局への書類提出）など、上位に位置する士業が行う手続き以外を主に行う専門家です。一般的に、会社の設立は行政書士が代行します。

第6章　起業家に必要な知識

　申請時期は、会社を設立するのであれば、設立手続きとの時期的な兼ね合いが問題となります。許認可が下りなければ、定款の内容に影響することもあるので、慎重に進める必要があります。そして、書類を提出すればすべて許認可が下りるとは限らないので、準備が必要です。

　また、金融機関などから融資を受ける場合、許認可が下りていることが大前提になります。融資に先行して手続きを済ませなければなりません。

許認可が必要な主な業種

業種	必要な許認可・届け出の種類	窓口	備考
酒屋	酒類販売業免許	税務署	
たばこ屋	小売販売業許可	日本たばこ産業株式会社を経由し財務省	罰則は許可取消または1か月以内の営業停止
ガソリンスタンド	揮発油販売業登録	消防署	
貸金業（ケースにより異なる）	貸金業登録　無許可営業は3年以下の懲役、または300万円以下の罰金	財務省または都道府県	
運送業	一般貨物自動車運送事業経営許可	国土交通省陸運局	無許可は1年以下の懲役または100万円以下の罰金またはその両方
タクシー	一般乗合旅客自動車運送業経営免許	国土交通省陸運局	無許可は1年以下の懲役または201万円以下の罰金またはその両方
不動産業	宅地建物取引業免許	都道府県または都道府県を経由して国土交通省（ケースにより異なる）	要資格者、営業保証の預託金あり
旅行業（ケースにより異なる）	旅行業登録　要資格者、営業保証の預託金あり	国土交通省または都道府県	

ホテル・旅館	旅館業営業許可	都道府県または指定都市の保健所	
風呂屋	公衆浴場経営許可	都道府県または指定都市の保健所	
理容（美容）院	理容所・美容所開設届	免許を受けている都道府県（東京都では保健所経由）	要資格者であること、違反者には罰則あり
飲食店	食品営業許可	保健所	罰則として営業停止、6か月以下の懲役または罰金
薬局	薬局開設許可	都道府県	要資格所得者
廃棄物処理業	一般廃棄物処理業許可		
一般廃棄物収集運搬業許可	都道府県		
電気工事業	電気工事登録	都道府県または経済産業省	
建設業	建設業許可	都道府県または都道府県を経由して国土交通省（ケースにより異なる）	業種ごとに申請する
質屋	質屋許可	警察署	無許可営業は3年の懲役または10万円以下の罰金
リサイクル店、骨董屋、古本屋など	古物商許可	警察署	無許可営業は3年の懲役または11万円以下の罰金
キャバレーなど	風俗営業許可	警察署	
警備業	警備業認定	警察署	
人材派遣	一般労働者派遣事業許可	公共職業安定所	
建設業	建築物環境衛生一般管理業登録	都道府県	

あとがき

　起業を志す人に必要なことは、一つではありません。新しいものを作る熱意、商品・サービスへのこだわり、支援してくれる人を引きつけるカリスマ性や人脈、資金調達能力などが少なくとも備わっていなければなりません。しかし、すべてが備わった人はそういるものではありません。人と人とのコミュニケーション能力、様々な分野の人脈があれば、不足している部分を補うことができます。それが経営です。この不足している部分を補う、組織体が存在します。米国では、個人のベンチャーキャピタリストが活躍しています。日本では、ベンチャーキャピタルがそれに代わります。また、既に起業に成功した企業やその代表個人、また、地域社会が支援を提供し始めています。ベンチャー企業が集積しやすい環境を整えることも始まっています。起業家は、アイデア、技術、ノウハウを提供し、経営や資金を支援団体が提供すれば、成功が近づきます。

　起業家は、製品・商品へのこだわりが必要です。こだわりがブランドを作ります。ブランドは後からできるのです。順序を間違えてはいけません。日本の中小企業の中には、世界に通用するオンリーワンの商品（部品を含む）を作る能力を持っている企業が多数あります。身の回りにある最先端の商品に日本製の部品が多数使われていることからもわかります。その組み合わせ方で新たな製品を開発する能力やサービス提供面で、まだまだ成長の余地があると思います。技術やノウハウに、こだわり持つことで、将来のブランドにつながります。

　中小企業同士、中小企業と大企業といった、独特の技術やサービスを持った会社通しの結び付きを構築する仕組みが大切だと思います。中小企業が大企業をけん引することも可能なのです。得意分野の技術を持ち寄ることで、新たな製品が誕生します。そこでは、安売りは厳禁です。値付けは大

切で、価値を正確に把握し、ブランドを維持し、利益を守る努力が必要になります。

　日本製は、海外でも製品の品質に信頼性があります。製造工場が海外に移転する中でも、メイド・イン・ジャパンを守ることは大切なことです。まだまだ、付加価値を高めることで、信頼性を維持し、より優秀な製品が生まれる可能性があるのです。ただし、行き過ぎた過剰品質は不要です。特定の技術者のみにしか違いが判らない高品質はいらないのです、実際に製品を使う、消費者や部品を使う会社が欲しがらないものを作ってはいけないのです。顧客が要求しているニーズに対応することが必要です。製造とサービスを融合させるとは、実際にニーズがあり、必要なものを作る能力を生み出すことです。

　長い歴史の中で、日本製を考え直す時に来ています。従来からの延長線上の幻想を止め、新しい観点から再考築することが必要です。多様化するニーズから、新たなイノベーションを生むことが待たれます。新しい扉を開ける努力を惜しまないことです。

　次にいくつかの具体策を考えてみたいと思います。日本の金型作りは定評があり、高い技術力があります。そこに、３Ｄプリンター等の最新技術を、融合させれば、さらに高度ななかなか真似のできない高度な製品が出来上がる可能性が高いです。それには、大企業との連携が欠かせないと思います。大企業が下請けの中小企業に金型の製造を依頼するケースが多いからです。大企業が関係のある下請け企業に対して、資金面・人的面で支援を行えば、新しいビジネスに発展すると思います。大企業と協調関係にある企業（下請け企業）は、大きなビジネスチャンスがあると考えます。

　また、中小企業が海外展開できるプラットフォームを提供することも重要です。アジア市場は有望で、今後大きな拡大が期待できます。しかし、日本と同じニーズがあるわけではありません。アジア各国の文化や習慣、資金面等で必要なニーズが異なります。そこにマッチした進出をするためには、海外展開できる資金と人材に余裕がある大企業の支援が必要になり

ます。政府の支援があればさらに、中小企業の海外展開は容易になるでしょう。成長分野には、必ず起業のチャンスがあります。いち早く、現地のニーズを察知し、日本の技術やノウハウを応用し、提供することで、市場が拡大する非常に良い条件のもとでの起業が可能になります。

　日本がかつて解決してきた課題がアジア諸国で起きています、その解決策を提供することで起業化が可能になると思います。アジアに向けての政府の国を挙げた政策も動き出しているので、それに同調しての進出が相乗効果を生む可能性もあります。また、日本からのODAでの信頼を得ているルートを使うことも可能と考えられます。起業は、どんなチャンスでも利用し、自分だけではないと考えて行動すると、成功に近づきます。

　新しい分野での起業は、大学の研究室やベンチャー企業が行っている研究を製品までに完成させ、市場に出すことが必要です。そのための、「研究→製品開発→経営・資金→市場」に出す仕組み作りが欠かせないと考えます。研究室で終わりにしない、研究を無駄にしない体制作りです。これも、人的・資金的資産に乏しい中小企業に任せていたのでは、世界的な意味での開発競争には勝てません。大企業や政府の何らかの支援・政策が必要です。法人税等を含めた、日本の成長戦略を見直す時期に来ているのではないでしょうか。起業家にとって、育成環境は必要不可欠です。しかし、ベンチャーキャピタル時代の経験では、官による資金的な個別支援はうまくいかないようです。あくまでも、起業家が自由に活動できるような制度的な支援や人脈形成等のプラットフォームの支援策がベストだと感じます。

　日本は、世界で最初に高齢化社会を迎えます。また、環境保全やエネルギー分野でも先に経験する多いようです。この医療、介護、環境、エネルギー分野等は、今後の成長が期待できます。新たな市場が作られることが十分に予想できます。この新たな市場を作ることで、起業家は大きな付加価値を得ることができます。誰よりも先に、新しい市場で、新しいビジネスモデルを構築できるからです。

　起業家には、新しい発想（研究、発案、ノウハウ発見、知的財産等）が

一番大切です。それ以外の経営、資金面での支援をする仕組み（組織）を、経済界が団結して創造しなければならないと考えます。起業の成功者は、支援を受けた仕組み（組織）に対して、一定の利益還元をする仕組みにすれば、支援の仕組みが回転し始めると思います。

　２０１３年６月

　　　　　　　　　　　　　　　　　　　　　　　　　　齊藤　聡

参考文献

「悪徳商法・詐欺と騙しの罠―悪徳業者の巧妙な手口と、トラブルの対処法」
　紀藤正樹　著
　日本文芸社　2000年

「なんでだまされるの？―悪徳商法の手口と対策」
　野尻義明　著
　主婦の友社　1997年

「アイデア・バイブル」
　マイケル・マハルコ　著／加藤昌治　ナビゲーター／齊藤勇　監訳
　小沢奈美恵　訳／塩谷幸子　訳
　ダイヤモンド社　2012年

「競争戦略の謎を解く」
　ブルース・グリーンウォルド　著／ジェッド・カーン　著／辻谷一美　訳
　ダイヤモンド社　2013年

「戦略シフト」
　石倉洋子　著
　東洋経済新潮社　2009年

「超・発想法」
　野口悠紀雄　著
　講談社　2006年

「発想法―創造性開発のために」
　川喜田二郎　著
　中央公論社　1967年

「心を高める、経営を伸ばす―素晴らしい人生を送るために」
　稲盛和夫　著
　PHP研究所　2004年

「起業に失敗しないための起業家読本」
　横浜産業振興公社　監修／横浜創業支援研究会　編
　同友館　2006年

索　引

【あ行】

アウトレット　*147*
悪徳商法　*27*
アタックリスト　*51*
アナロジー　*88*
アフターサービス　*36*
アメーバ経営　*163*
アメーバ組織　*65*
イエスセット　*14*
インキュベーション　*86*
右脳を鍛える　*80*
売上債権　*181*
売上を伸ばす方法　*155*
運転資金　*179*
営業型起業家　*38*
営業活動によるキャッシュフロー　*201*
エクゼクティブサマリー　*22・38*
オズボーンのチェックリスト　*92*

【か行】

買入債務　*181*
外部環境　*7*
会社設立の手続き　*230*
回転期間方式　*183*
会費制　*144*
皆保険制度　*225*
価格差別化　*58*
価格優位性　*36*
株式上場　*170*
環境保全　*131*
慣習価格法　*57*

カントリーリスク　*47*
キーワード　*155*
起業の動機　*32*
起業マインド　*3*
企業理念　*52*
技術型起業家　*38*
希少性　*14*
規制緩和　*132*
希望点列挙法　*108*
キャッシュフロー計算書　*200*
競合分析　*49*
業績評価指標　*60*
競争力の源　*35*
許認可　*232*
クラウドファンディング　*174*
繰延資産の計上　*198*
経営者　*4*
欠点列挙法　*108*
権限・責任一致の原則　*67*
現状分析　*36*
原則主義　*206*
現場を見る　*75*
公開会社　*220*
工事進行基準　*197*
合同会社　*221*
行動マニュアル　*77*
購入意思額　*58*
高付加価値型　*54*
ゴードン法　*109*
顧客獲得　*121*
顧客ターゲット　*34*
顧客ニーズ　*158・160*

顧客分析　　48
顧客を創造　　35
国際財務報告基準　　142・195
国民健康保険　　225
コスト積算型　　53・54
コストを削減する　　157
個性を求める　　117
固定費　　189
コミュニケーション能力　　9
コモディティー　　161
雇用保険　　227
コンバージェンス　　206

【さ行】

サービス提供　　115
細則主義　　195
財務活動によるキャッシュフロー　　202
左脳を使う　　90
差別化　　58
事業計画書　　40
資金繰り　　8・179
資金繰り表　　204
資金計画　　178
自己開示　　16
仕事の流れ　　124
自社分析　　48
市場価格追随法　　57
市場浸透型　　54
市場分析　　48
シックスハット法　　104
実現主義の原則　　197
資本政策　　62
収益源　　39
収支ズレ　　184

商品の差別化　　57
初頭効果　　15
所要運転資金　　179
新会社法　　221
シンプル・イズ・ベスト　　16
人脈　　7
心理テクニック　　14
スキミングプライシング　　54
スキャンパー法　　94
ステークホルダー　　65
ストックオプション　　24
成功要因　　40
製品コンセプト　　34
製品販売戦略　　52
製品理念　　35
セブンクロス法　　106
全体像　　20・104
増加運転資金　　187
総額主義の原則　　197・198
創業者利益　　79
創造性のある仕事　　82
想定する市場　　34
組織作り　　63
組織の重要性　　5
組織変革　　69
損益計算書　　191
損益分岐点　　56・179
損益分岐点売上高　　189

【た行】

ターゲティング　　51
第1号被保険者　　223
貸借対照表　　197
棚卸資産　　181
知的財産権　　141

中古を利用する　117
直感　83
定性分析　21
定量分析　21
適材適所の原則　67
デザイン　36
デルファイ法　78
展示会　74
等価交換法　102
統計学　140
投資活動によるキャッシュフロー　202
統制範囲の原則　67
特性列挙法　109
特例有限会社　220
都市鉱山　146
届け出　226

【な行】

なぜなぜ分析法　95
ニーズ　158
ニーズ分析　49
日本政策金融公庫　173

【は行】

バージョニングプライシング　54
バイアウト投資　170
パススルー課税　221
蜂の巣ノート　110
発生主義の原則　197
パブリシティ　61
バランスシート　198
反社会的勢力　26
販売奨励金　59

販売チャネル戦略　59
非公開会社　220
ビジネスプラン　3・38
ビックデータ　141
人に使われる人　12
人を使うこと　5
人を使える人　12
費用・収益対応の原則　197
ひらめき　72
プライシング　53
プライスリーダー追随法　57
フランチャイズ　119
ブレインストーミング　78・98
ブレインライティング　105
プレミアムプライシング　58
ペネトレーションプライシング　54
ベンチャーキャピタル　169
変動費　189
返報性　14
法改正　130
保証協会付きの銀行融資　176
発起設立　229
本物を見る　75

【ま行】

マインドマップ　97
マッピング　51
マンダラート　96
民営化　142
民間委託　143
命令統一性の原則　67
メラビアンの法則　15
モチベーション　5
元締め商売　118・129

【や行】

有限責任事業組合　*221*
夢日記　*85*
予防医療　*133*

【ら行】

ランチョンテクニック　*16*
リーダーシップ　*7*
利害関係者　*65*
リベート　*59*
利便性　*36*
流動性配列法　*198*
リラックス　*83*
類似商号　*229*
ロジックツリー　*103*
論理的思考　*72*
ワントゥワンプライシング　*55*

【英数字】

3C分析　*47*
A4版数枚で説明できる企画書　*18*
BtoB　*137*
ECRS　*110*
FC　*119*
IFRS　*142・195*
KJ法　*90*
LLC　*221*
LLP　*221*
MECE　*101*
NM法　*91*
NPO法人　*143*
OtoO　*134*
PEST分析　*45*
PREP法　*106*
SWOT分析　*46*
TRIZ法　*99*
WIN−WINの関係　*17*

著者略歴

齊藤　聡（さいとう　さとし）

　慶應義塾大学経済学部卒業。東海銀行（現・三菱東京 UFJ 銀行）に入行し、各種銀行業務を担当。
　その間、名城大学大学院法学研究科、名古屋学院大学大学院経済経営研究科、東京大学大学院法学政治学研究科修了。
　2002 年より産業能率大学に勤務、現在、同大学経営学部教授。
　税理士、証券アナリスト、FP1 級。

　東海銀行員時代に店舗の新規開設準備、ベンチャー企業への起業のための支援と投資、法律トラブルの解決、住宅ローンシステムの設計等の仕事に従事。その後、産業能率大学に奉職した後も、銀行員時代の経験、財務・税務のプロの視点、法律家としての行動規範から、経済・環境の変化に敏感に反応する企業の行動原理や人を大事にする姿勢を取る。
現在は、数多くの企業と関わることで学んだ現場の知識と学術的な研究によって得た知識を融合させ、学生にとっても分かり易く、興味の持てる授業を展開している。

　著書として、「個人情報保護法ハンドブック（アポロ出版株式会社）」「社会人のための法律入門（産業能率大学出版部）」（2011 年）「現代企業にみる日本経済（産業能率大学出版部）」（2012 年）がある。

成功への設計図　超起業読本　　　　　　　　　　　　　〈検印廃止〉

著　者	齊藤　聡	
発行者	田中　秀章	
発行所	産業能率大学出版部	
	東京都世田谷区等々力 6 -39-15　〒158-8630	
	（電　話）03（6266）2400	
	（FAX）03（3211）1400	
	（振替口座）00100-2-112912	

2013 年 6 月 28 日　初版 1 刷発行

印刷所　渡辺印刷　制本所　渡辺印刷

（落丁・乱丁はお取り替えいたします）　　　　ISBN 978-4-382-05687-9
無断転載禁止